転職回数が多い

非正規だった…

それでも書類選考で
落とされない

履歴書
職務経歴書
の書き方

1級キャリアコンサルティング技能士
中園 久美子
Nakazono Kumiko

日本実業出版社

はじめに

❖あなたの履歴書・職務経歴書が落とされる理由

「転職回数が多いから」

「年齢が高いから」

「ずっと非正規だったから」

「子育て中だから」

だから、きっとまた落とされる……。

あなたは、そんなふうに考えていませんか？

実は、あなたの書いた履歴書・職務経歴書が落とされる最大の理由は、あなた自身のネガティブな感情が応募書類に反映されているからです。あなたのネガティブな感情はあなた自身の「思い込み」に過ぎません。本書は、そんなあなたが「ネガティブな思い込み」を捨て、あなたの本来の強みや経験、能力を採用担当者にわかりやすく伝える履歴書・職務経歴書の作成をめざすための本です。

私は、これまでハローワークや行政の窓口で多くの求職者のお話をお聴きしました。「今度こそ、辞めずに頑張りたい！」という気持ちも痛いほど理解できました。そんなあなたのために、心の底から自信をもって「これが私です！」と言える履歴書・職務経歴書が書けるようになるコツを満載しています。

❖受かる履歴書・職務経歴書は輝いて見える

受かる履歴書・職務経歴書とは、どんな書き方をすればよいのでしょうか？

受かる書類は、まず封筒からして違います。詳しくは第６章で書いていますが、封筒の大きさや宛名の書き方から、早く中身を見たくなるのが受かる書類です。次に、封筒から取り出して、パッと見て、じっくり読むか、読まないかを、採用担当者は決めます。その間わずか

10秒ほど。受かる履歴書・職務経歴書は、そのわずか10秒でも読み手の心をキャッチできる“輝き”があるのです。

その輝きをまとうために、どのように履歴書・職務経歴書を書けばよいのかを、本書では具体的にまとめました。豊富な文例を盛り込むとともに、わかりやすい解説を心がけました。

本書が読者のみなさまの転職の一助となり、希望の仕事に就けることを心よりお祈りしています。

2020年３月　中園　久美子

「転職回数が多い」「非正規だった」……
それでも書類選考で落とされない履歴書・職務経歴書の書き方◆もくじ

第1章 受かる履歴書・職務経歴書が書けるようになる３つのコツ

第2章 落とされる履歴書・職務経歴書の特徴

第3章 「転職に不利」を「アピールポイント」に転換する

第4章 書類選考で落とされない履歴書の書き方

第5章 書類選考で落とされない職務経歴書の書き方

書類選考で落とされない送り方

カバーデザイン★三枝未央
本文DTP＆イラスト★一企画

●履歴書のフォーマット（JIS規格・A4サイズ）

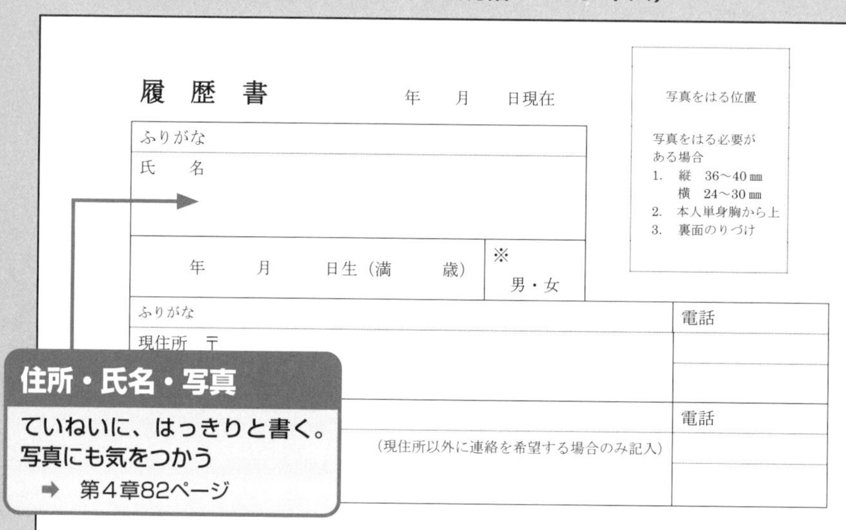

履　歴　書　　　年　　月　　日現在

写真をはる位置

写真をはる必要がある場合
1.　縦　36～40㎜
　　横　24～30㎜
2.　本人単身胸から上
3.　裏面のりづけ

ふりがな
氏　　名

年　　月　　日生（満　　歳）　※ 男・女

ふりがな　電話
現住所　〒

電話
（現住所以外に連絡を希望する場合のみ記入）

年	月	学歴・職歴（各別にまとめて書く）

学歴・職歴

学校名は正式名称を。職歴は簡潔にまとめる

➡ 第4章86ページ、88ページ

記入上の注意　1．鉛筆以外の黒又は青の筆記具で記入。　2．数字はアラビア数字で、文字はくずさず正確に書く。
3．※印のところは、該当するものを○で囲む。

※厚生労働省の様式例をもとにした履歴書では「性別」欄は任意記載とし、「通勤時間」「扶養家族」「配偶者」「配偶者の扶養義務」欄を設けていないケースもあります。

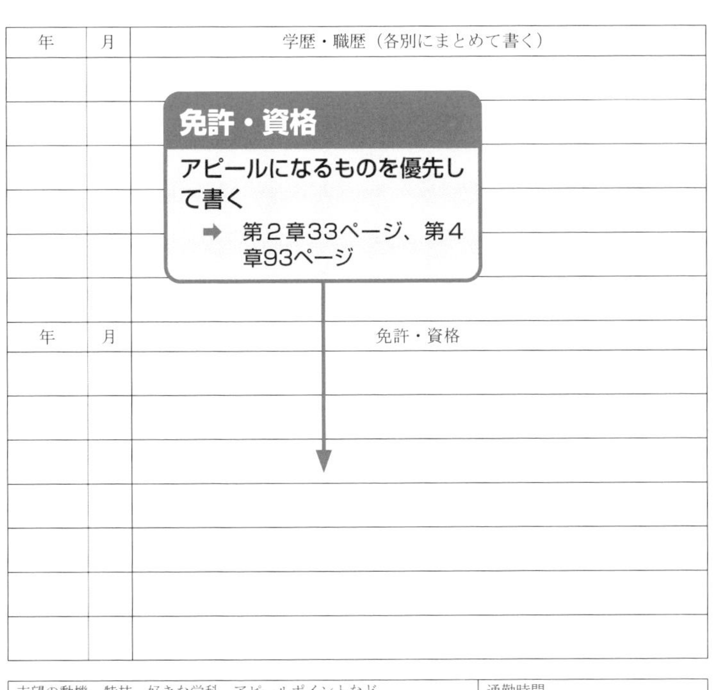

年	月	学歴・職歴（各別にまとめて書く）

年	月	免許・資格

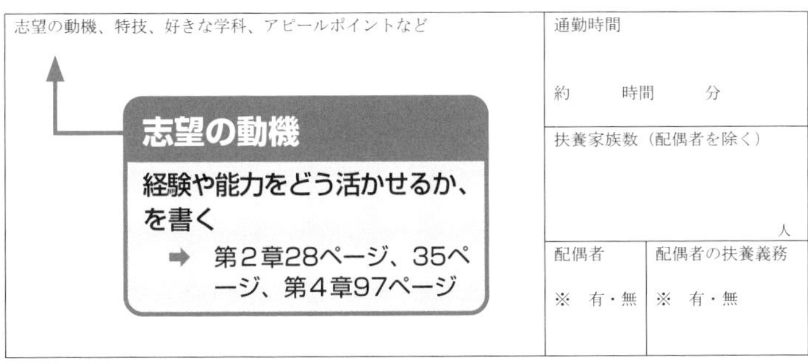

志望の動機、特技、好きな学科、アピールポイントなど	通勤時間 約　時間　分	
	扶養家族数（配偶者を除く） 人	
	配偶者 ※　有・無	配偶者の扶養義務 ※　有・無

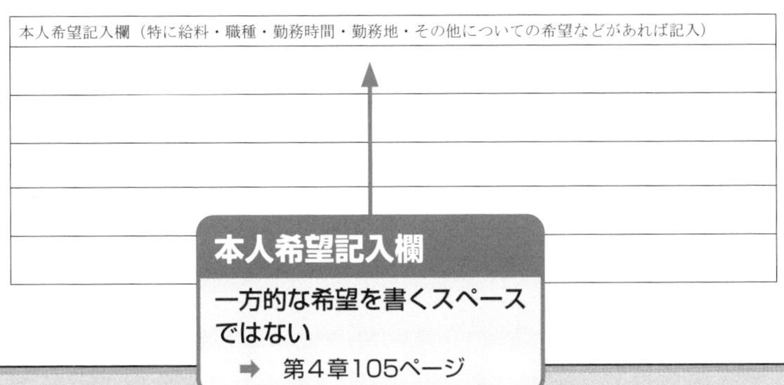

本人希望記入欄（特に給料・職種・勤務時間・勤務地・その他についての希望などがあれば記入）

●職務経歴書のフォーマット（パソコンで作成・１枚の場合）

職務要約
これまで経験してきた仕事をまとめる（数行で）
➡ 第２章30ページ、第３章、第５章114ページ

職務経歴書

令和○年○月○日
□□□　□□
(□□□-□□□□-□□□□)

【職務要約】
□□□□□□□□□□□□□□□□□□□□□□□□□□□□□□□□□□□□□□□
□□□□□□□□□□□□□□□□□□□□□□□□□□□□□□□□□□□□□□□
□□□□□□□□□□□□□□□□□□□□□□□□
□□□□□

職務経歴
具体的な職務内容と心がけてきたことを書く（15〜20行くらいで）
➡ 第３章、第５章119ページ

【職務経歴】
□□□□□□□□□□□株式会社（平成□年□月〜令和□年□月）

＜業務内容＞
経理業務：□□□□□□□□□□□□□□□□□□□□□□□□□□□□□□□□□□□
□□□□□□□□□□□□□□□□□□□□□□□

□□□□□□□□□□□□□□□□□□□□□□□□□□□□□□□□□□□□□□
□□□□□□□□□□□□
□□□□□□□□□□□□□□□□□□□□□□□□□□□□□□□□□□□□□□
□□□□□□□□□□□□□□□□□□□□□□

事務業務：□□□□□□□□□□□□□□□□□□□□□□□□□□□□□□□□□□□
□□□□□□□□□□□□□

□□□□□□□□□□□□□□□□□□□□□□□□□□□□□□□□□
□□□□□□□□□□□□□□□□□□□□□□□□□□□□□□□□□□□□□□

【能力や長所】

慎重な性格
□□□□□□□□□□□□□□□□□□
□□□□□□□□□□□□□□□□□□
□□□□□□□□□□□□□□□□□□
□□□□□□□□□□□□□□□□□□
□□□□□□□□□□□□□□

チャレンジ精神
□□□□□□□□□□□□□□□□□□
□□□□□□□□□□□□□□□□□□
□□□□□□□□□□□□□□□□□□
□□□□□□□□□□□□□□□□□□
□□□

能力や長所
アピールポイントを簡潔にまとめる（数行で）。別に「自己PR」を追加する場合もある
➡ 第３章、第５章125ページ

受かる履歴書・職務経歴書が書けるようになる３つのコツ

1-1 企業が求める「人物像」をつかもう

履歴書・職務経歴書の目的はなんでしょうか？　その目的を見失ってしまうと、いつの間にか独りよがりの書類になってしまいかねません。履歴書・職務経歴書のゴールは「採用担当者に会うこと」「面接の機会を得ること」です。そのためにも、企業がどのような人材を求めているのか、あらかじめ整理しておく必要があります。

企業が求める人材の要素は大きく４つに分けられます。それは「**人柄**」「**意欲**」「**能力**」「**実績**」。これら４つの要素をバランスよく持っている人が採用されるのです。

人物像その１……人柄

企業に採用される人とは、別の見方をすれば「その企業ですでに働いている人たちとうまくやれそうな人」ということ。

仕事はひとりでするものではありません。周囲の人に教えてもらい、周囲の人と協力しながら進めなければなりません。そのためにも、採用担当者は「コミュニケーションスキルがあるか」「協調性があるか」を重要視しています。履歴書・職務経歴書には、このようなあなたの人柄を伝える文章を書く必要があるのです。

周囲の人と仲良くできるか、チームとしてみんなで協力し合いながら仕事ができるか、そのために自分自身の管理がちゃんとできているか、常に課題を解決するために前向きに立ち向かえるか……。周囲と協力しながら、自分自身もまたチームの一員として貢献できるよう、自己研鑽を重ねる人が採用されるのです。

「人柄」をアピールするためのキーワード

協調性、誠実、謙虚、気配り、コミュニケーションスキル、チームワーク、リーダーシップ、人をまとめるのが得意、人に頼りにされる、明るい、素直さ、真面目、柔軟性、やさしい、気が利く、前向き、面倒見がよい

〈「人柄」をアピールする文例〉

悪い例

前職のおもちゃメーカーでは商品開発に携わっていました。○○は実は私が開発した商品です。当時、上司の反対を押し切り、直接社長に直談判して販売にこぎつけました。この行動力が私の強みです。

商品開発をしたことは事実だが、「上司の反対を押し切る」という表現は人間関係に問題ありととられてしまう可能性も。

良い例

前職のおもちゃメーカーでは商品開発に携わりました。○○はおかげさまで昨年大ヒット商品になりました。先輩からのアドバイスを参考に、チーム一丸となって開発に取り組んだことが結果につながったのだと思います。

先輩やチームといったキーワードから、協調性がある人だと感じられる。

人物像その2……意欲

人柄が良くて能力や実績があっても、そもそも仕事への意欲が伝わらなければ採用には至りません。「ぜひその仕事をやってみたい」と

「意欲」をアピールするためのキーワード

前向きな姿勢、積極的な態度、向上心がある、チャレンジ精神、興味・関心がある、行動力がある、責任感がある、体力に自信がある、粘り強い、得意なこと、主体性、熱心、努力

〈「意欲」をアピールする文例〉

悪い例

以前の職場では、経理担当が私だけで、なんでもこなさなければなりませんでした。そのうえ、経理について誰からも教えてもらえず大変苦労しました。自信はありませんがよろしくお願いいたします。

↓

被害者意識になっており、みずから状況を変えようとする積極的な姿勢がうかがえない。仕事ができないのは他人のせいだと言っている。

良い例

以前の職場では、経理業務を一任されていました。ゼロから始めたのでさまざまなことを学ぶことができました。また、わからないことは本を読んだり、他支店の先輩に教えてもらいながらピンチをくぐり抜けてきました。

↓

大変な状況を前向きにとらえている。積極的に行動することで、業務をこなし成長している姿がうかがえる。

いう意欲、「とても興味があります」という興味・関心、「未経験だけどチャレンジしたい」というチャレンジ精神は、仕事への原動力になります。あなたの内面から湧き出る意欲が採用担当者の心を動かすのです。

とくに「志望動機」や「自己PR」の欄で、あなたの意欲をしっかりとアピールする必要があります。前記のキーワードを随所にちりばめながら、前向きな姿勢が伝わる書類に仕上げましょう。

人物像その３……能力

人柄が良く意欲があっても、その仕事を遂行できる能力がなければ、残念ながら採用には結び付きません。能力とは、自身が関わる仕事や専門分野の業務をこなせるスキルのことです。この能力ですが、前職だけでしか通用しない能力は、残念ながらアピールになりません。さまざまな職場でも通用するレベルの能力を持っていることをアピールしましょう。

履歴書・職務経歴書では、あなたが持っている能力を明確に示し、具体的に応募先の会社でどんなふうに活かせるのかをわかりやすく説明しましょう。前職では当たり前の能力でも、他の業界ではとても新鮮で魅力的な能力に見えることもあります。あなたのその能力は見方を変えるだけで、さまざまな用途があり、採用にさらに近づく強みとも言えるのです。

「能力」をアピールするためのキーワード

忍耐力、集中力、対話力、傾聴力、洞察力、実行力、分析力、プレゼン、指導育成能力、事務処理能力、文書作成能力、商品の知識、市場の知識、提案能力、営業能力、企画能力、マーケティング力、商品開発能力、アイデア力、顧客開拓能力、独創力、発言力、クレーム対応能力、交渉力、マネジメント力

〈「能力」をアピールする文例〉

悪い例

以前の職場では、英語だけでなく中国語も少し話すことができましたので、接客に活かしていました。とくにお客様からのクレームになったことはありません。

↓

具体的にどれくらい話せるのかがこれではよくわからない。クレームになったことがないと言い切るのは、あるといっているようなもの。

良い例

英語圏のお客様が約２割、中国圏が３割の職場でした。クレーム時は中国語が得意な先輩に対応を代わってもらい、事なきを得ました。

- TOEIC　860点
- 中国語　通信教育にて勉強中

↓

客層を客観的にとらえており、自身のスキルも具体的に書かれていてわかりやすい。クレーム時の対応も冷静に対処できていると伝わる内容。

人物像その４……実績

実績は、あなたの能力の根拠となるものです。そのため、実績は具体的に表現する必要があります。「なるほど。この能力があるから、これだけ実績があがったのか」と採用担当者が納得できる実績を書きましょう。

実績は職務経歴書にわかりやすまとめて書きます（詳しくは第５章で説明します）。採用担当者は、あなたが前職でどれだけ貢献してきたのかを知りたがっているのです。

「実績」をアピールするためのキーワード

職務経歴、どんな困難を克服したか、どんな貢献をしたか、どれだけ利益をもたらしたか、具体的な売上数値・人数・期間・作品、役職、資格、受賞、プロジェクト名、イベント体験

〈「実績」をアピールする文例〉

悪い例

これまで20年間、カー用品の営業を経験してきました。小さな町でしたので知り合いも多く、人間関係も良好でした。長年の経験を活かし貴社でも売上に貢献したいと思います。

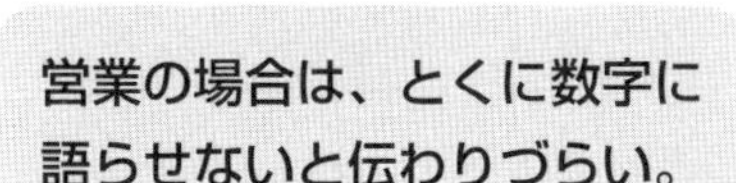

良い例

【売上実績】
2017年度　8000万円
2018年度　1億1000万円
年間トップセールスベスト3に選ばれる。

具体的な数字や褒章は積極的に書くとベター。

就職活動は「想像力」が一番の武器になる

もし、あなたが会社の社長だったら、どんな人に働いてもらいたいですか？

もし、あなたが採用担当者だったら、どんな人を採用したいでしょうか？

受かる履歴書・職務経歴書を書くためには、会社側がどんな人を求めていて、どんな基準で採用しているかを知る必要があります。

どんな人を求めているかは、求人票を見ればなんとなく理解できます。その会社で働いている人たちをみれば、雰囲気なども把握できるでしょう。

ただ、そういった大枠は把握できても、本当に欲しい人材の条件について、知ることはむずかしいのです。なぜなら、本当に欲しい人材の諸条件については、求人票に書くことができないからです。

「男女雇用機会均等法」のなかでは、採用をはじめとした雇用に関して、男女平等に扱うべしとされています。

「労働施策総合推進法」のなかでは、労働者の募集及び採用の際には、年齢に関わりなく均等な機会を与えなければならないとあります。ですから、「本当は30代前半の女性に来てもらいたい」と思っていたとしても、それを求人票には書けません。

だからこそ、あなたにはその会社の社長や採用担当者になったつもりで、どんな人に来てほしいか想像してほしいのです。つまり、あなたの「想像力」こそが採用を勝ち取る最大の要素なのです。

求められる人物像を整理しよう

とはいえ、あなたはその会社の社長でもなければ、採用担当者でもありません。それではどうすればよいでしょうか？

結論からいえば、ありったけの情報を収集すればよいのです。応募先が求める人物像の情報を可能な限り集めるのです。ありったけの情報を集め、その情報を眺めながら社長になったと想像して、採用したい人物像を絞ります。その絞り込んだ人物像と自分との接点が多ければ勝算はあるということです。

応募しようとする会社の「求める人物像」についての情報は、主に次の４つの視点から収集することができます。そして、収集した情報をもとに、あなたなりに「求められる人物像」をワークシート（20ページ）に整理してみましょう。

●情報収集の４つの視点

求人票から	•「職務内容」から、必要とされる人物像のスキルを整理する •「必要な経験」から、どんな経験があるといいかを確認する •「企業の特徴」から、自分のめざす方向性と近いかを整理する •「労働時間・給料」から、自分がストレスなく働けそうかを整理する
Webサイトから	•「企業理念」から、自分も貢献できそうか分析する •「業務内容」から、自分がどの部署で活躍できそうか想像する •「雰囲気」から、価値観や好みが近いかどうか考える
店舗から	•「働いている人」から、どのような人が採用されるか観察する •「商品・サービス」から、自分にもできそうか考える •「雰囲気」から、そのお店で働けそうかイメージする
働いている知人から	• 会社の実情について聞いてみる • どんな人が望まれるか直接確認してみる • その会社の良い点と改善点を質問してみる

●「求められる人物像」を整理するためのワークシート

会社名			
住所			
企業の特長			
企業理念			
会社の雰囲気			
業務内容			
どんな経験が必要か			
資格・免許など			
求められる人物像			
給料		休日	
私が働くことのメリット		私が働くことのデメリット	
私を採用することのメリット		私を採用しないことのデメリット	

1-2 自分の経験を整理する

「経験」とは、あなたが仕事で手に入れた報酬

あなたは、これまでどんな仕事をしてきましたか？　そして、その仕事でどんな強みを身につけたでしょうか？

実は、仕事をすることであなたは給料以外にもさまざまな報酬をもらっているということに気づいているでしょうか。気がつかなかった自分の強みが発見できた、さまざまな能力を向上させることができた、信用を身につけることができた、人脈を広げることができた、長い年月の経験を積み重ねることができた、忍耐力を身につけることができた……。

これらはお金以外で手に入れた報酬なのです。**この報酬を次の仕事に向けて整理することで、あなたが次のステージで輝くための最強の武器になります。**

もしかしたら「ちょっと待って。そんなの何も身につけていないよ」という人がいるかもしれません。でも、それは絶対にありません。それは自分の強みに気づいていないだけなのです。では、そのような自分の強みや経験をどのように整理すればよいのでしょうか。

経験を整理する３つのステップ

「仕事の経験を書き出そうとしてもうまくできない」という人、いませんか？　これまでの仕事の経験は、次の３つのステップで思い出すと整理ができます。付箋紙を使って書き出すのも効果的ですね。

●経験を整理する3つのステップ

1．書き出す	•現在から過去にさかのぼって、どんな仕事をしてきたか書き出す •朝から夕方までどんな仕事をしてきたか書き出す •４月からの１年間で、どんな仕事をしてきたか順に書き出す •入社時から今日までどんな仕事をしてきたか書き出す
2．まとめる	•書き出した仕事を「カテゴリ別」にまとめる •書き出した仕事を、今後「やりたい仕事」「やりたくない仕事」にまとめる •書き出した仕事を「得意な仕事」「得意でない仕事」にまとめる
3．順位をつける	•応募先が必要としている順に優先順位をつける •得意な仕事の順に優先順位をつける •やりたい仕事の順に優先順位をつける

過去をポジティブに振り返る

自分の強みや経験を整理するためには、自分の過去と向き合い、経験を具体的に細かく書き出します。このとき一番注意したいのが「ポジティブに考える」ことです。

日本人は、自分の経験を「何にもしていないですよ」と遠慮がちに受け止めたり、「○○しかしていません」とネガティブにとらえがちです。これでは、あなたらしさを前面に出した履歴書・職務経歴書は作れません。

これからは、自分が誰よりも頑張ってきたことにしっかりと目を向けましょう。辛かったことや悔しかった経験があるということは、それだけ頑張ったということ。そのときどれほど頑張ったのかをしっかりと書き出して、自分の頑張りを自分自身がまずは承認しましょう。そうすることで、次の就職活動にも前向きな気持ちになれるはずです。

自分を「キャスティング」する

できるだけたくさんの経験や強み、スキルや心がまえを書き出したあとは、企業が求める人物像と照らし合わせましょう。

あなたには多面的な魅力があります。そんなあなたの魅力のなかから、応募したい企業に合う自分をピックアップするのです。私はこれを「**キャスティング**」と言っています。そう考えると、履歴書・職務経歴書に何を書いたらよいかが、まとまってきませんか？

あなたはどのタイプ？

「キャスティングするって、どうしたらいいかわからない」という方は、「ホランド・コード」を使ってみてはいかがでしょうか。

アメリカの心理学者であるジョン・L・ホランドは、働く人のタイプを6つに分けています。自分はどのタイプか、応募する仕事にはどんなタイプの人が働いているかを想像してみましょう。

●ホランド・コード

R（現実的）

モノを作るのが好き・道具を扱うことが好き・機械の操作は得意・乗り物の運転が好き・手作業やコツコツと仕上げる仕事に興味がある・頭より体を使う仕事

〈向いている職業〉
歯科技工士　建築士　料理人　土木技術者　消防士　測量士　大工　運転士
航空整備士　酪農家　機械修理工　造園師　調律師

I（研究的）

論理的思考・動物が好き・数学や化学の話が好き・医療の分野に興味がある・研究をつきつめたい・チームよりひとりでする仕事・問題解決を考える

〈向いている職業〉
研究者　数学教員　理科教員　心理学者　臨床検査技師　品質管理技術者　気象観測員　パイロット　電気技術者　システムエンジニア　放射線技師
動物飼育員　薬剤師

A（芸術的）

言葉を扱う仕事が好き・絵や音楽に興味がある・自由な発想・創造的・形がないものを表現できる・既成概念にとらわれない・個性的である

〈向いている職業〉

舞台演出家　俳優　翻訳家　インテリアデザイナー　イラストレーター
デザイナー　作家　声楽家　美術科教員　国語科教員　画家　指揮者
雑誌編集者　ダンサー　漫画家　シナリオライター

S（社会的）

人の手助けが好き・人と接する仕事に興味がある・教えること・友好的・人の成長を支援する・困っている人をサポートする

〈向いている職業〉

看護師　作業療法士　カウンセラー　ケースワーカー　栄養士　家庭科教員
美容師　小学校教員　言語療法士　職業相談員　整体師　スタイリスト　保育士
司書　塾講師　介護福祉士

E（企業的）

他人に影響を与えたい・リーダーシップがある・説得力がある・野心的・外交的な仕事が好き・人を管理する・権力・経営・上昇志向

〈向いている職業〉

銀行支店長　セールスエンジニア　バイヤー　不動産鑑定士　小売店主
アナウンサー　司会者　経営コンサルタント　システムアナリスト
ツアーコンダクター　証券外務員　経営者　政治家

C（慣習的）

正確に仕事を仕上げることに達成感がある・整理整頓・責任感がある・計画性がある・マニュアルどおりに仕事を遂行する・ルールを守る

〈向いている職業〉

庶務係　レジ係　経理事務員　税理士　現金出納係　医療事務員
公認会計士　秘書　商業科教員　航空管制官　簿記事務員　プログラマー

1-3 アピールポイントはわかりやすくまとめる

企業が求める人物像と自分の経験を整理したあとは、履歴書・職務経歴書にわかりやすくまとめます。料理でいうと最後の盛り付けです。ここで手を抜いてしまってはこれまでの努力が水の泡。そのためにも、履歴書・職務経歴書に、企業が求めるあなたらしさを、ていねいに書き込みましょう。

内容のわかりやすさ

「わかりやすさ」をもう少し具体的に言うと、内容のわかりやすさと見た目のわかりやすさがあります。

自分のことをわかりやすく表現するのが苦手な方はたくさんいらっしゃいます。私も実は文章をまとめるのは大の苦手でした。「わかりやすく書いてね」と言われても、何をどう書けばわかりやすいのかがわかりませんでした。どうすれば相手にわかりやすく伝わるのか。どんな風に書けば自分の良いところを効果的に伝えることができるのか。これまでも自分の履歴書・職務経歴書だけでなく、ハローワークで相談者の方の履歴書・職務経歴書をみながら相談者の方と一緒に考えてきました。

そこで行きついたのは、次のようなポイントです。このポイントに気をつければ、誰でも文章をわかりやすくまとめることができます。履歴書・職務経歴書では、以下のポイントを参考にして、あなた自身を上手にアピールしましょう。

内容をわかりやすくするためのポイント

- 1つの文は短くする

・ビジネス文書の基本をおさえる
・わかりやすい平易なキーワードをチョイスする
・具体的な表現を心がける
・表記の仕方、年号などを統一する
・情報過多にならない

見た目のわかりやすさ

採用担当者は、履歴書・職務経歴書を「読む」のではなく「見て」判断します。つまりパッと見て、わかりやすいかどうかが大切だということです。もちろん内容も大切ですが、パッと見て好感が持て、読んでみたくなる構成でなければ、そもそも読もうという気になりません。

たとえば、余白が少なく漢字をたくさん使って、用紙一面に小さな文字がぎゅうぎゅうに詰まっていたら、どうでしょうか。そんな文章をあなたは読みたいと思うでしょうか。

以前こんなことをしたことがあります。相談者の方に２枚の職務経歴書を眺めてもらい、どちらが読みたくなるかを５秒ほど考えてもらいました。そうしたら、全員が同じ職務経歴書を選択し、その職務経歴書がなぜ読みやすいのか、理由もすらすらと言えたのです。つまり、ポイントは誰もみな理解できているのです。あとはそれを自分の職務経歴書で実践するだけです。

見た目をわかりやすくするためのポイント

・ほどよい余白を取り入れる
・文字はていねいに書く
・見出しや本文など、文字の大きさにメリハリをつける
・箇条書きや表などを効果的に取り入れる
・折り目やしわ、汚れをつけない

落とされる履歴書・職務経歴書の特徴

2-1

応募する会社をほめすぎている

こんな書き方、していませんか？

履歴書の「志望動機」欄で、応募先の会社をほめているケースをよく見ます。「御社は従業員の教育に力を入れていると聞きます」「御社の業績は前年比115％アップと飛躍的に伸びておられます」といったもの。

これらは、いったいどのような狙いで書いているのでしょうか？　その理由を聞いてみると「ほめたほうがいいのかなと思って」や「なんとなく」といった根拠のない理由がほとんどです。しかし、つい書いてしまいたくなる理由もわからなくはありません。なぜなら、自分がこれから働きたいと願っている会社のことを悪く言う必要はもちろんないですし、採用してほしいと願えば相手の良いところをほめたくなるのは当然です。

でも、考えてみてください。もし、その会社から不採用通知がきたらどうでしょうか？　昨日までその会社をほめていたことをすっかり忘れてしまい、愚痴のひとつも言いたくなるのではないでしょうか。そんな嫌な自分が予測できるのなら、きっぱりと書かないと決めましょう。

採用担当者が本当に知りたいこと

では、採用担当者の意見はどうでしょうか。自分の会社のことをあなたからほめられたとしても、「あっ、そうなのね」で終わりです。「はい、私たちはそのためにも良い人を採用しようと頑張っていますけど。で、あなたはどうなの？」です。それでも、ちょっとは嬉しいと思ってくれるかもしれません。しかし、そのことであなたを採用しようという気持ちにはなりません。

なぜなら、採用担当者は会社をほめてくれる人を探しているのではなく、会社に貢献できる人を探しているからです。応募先の会社をほめるスペースがあるのなら、自分の強みや自分が貢献できることを書くようにしましょう。**履歴書・職務経歴書では、応募する会社の良いところではなく、"自分"の良いところをアピールしましょう。**

〈「志望動機」の文例〉

悪い例

【志望動機】
貴社は今年大ヒット作品『○○○の天下』でゲーム市場最高のワールドプレミアム賞を受賞されました。私もそのような作品に関わりたいと思い、応募を決意しました。

誰もが知っていることを志望動機で書いても何も伝わらない。どんなことで貢献できるかを書こう。

良い例

【志望動機】
これまで戦闘ものやバトルシーンなどを多く手掛けてきました。特に3dsMaxを使用しての迫力あるシーンを生み出すことを最も得意としています。

これまでの経歴、どんなところが得意か、使用しているソフトなど、具体的なキーワードで「使える人」をアピールできている。

2-2 経験した業務内容だけを書いている

具体的に、読み手にわかりやすく

職務経歴書には、過去に経験したさまざまな職務内容や業務内容を整理して書きます。このとき、よくある勘違いが、これまで当たり前のように使っていた専門用語をそのまま使っていること。たとえば「経

〈「職務内容」の文例〉

悪い例	良い例
【職務内容】 ・市役所における基幹業務システムの仮想基盤の構築およびOS設定 ・民間企業におけるL3およびL2スイッチならびにファイヤーウォール設計	【職務内容】 ・市役所業務システムの構築（サーバーやパソコンの設定） ・民間企業におけるネットワークおよびセキュリティの設定
IT業界に応募する場合も、現場担当者だけでなく人事担当者が見る場合もあるため、専門用語が多いと印象が薄い。	言葉の意味がわからない人でも、イメージしやすいキーワードを使用した書き方は、読み手に配慮しているといえる。

理業務一般」「庶務業務」「企画管理」「顧客との折衝業務」「人事管理」といったものも、知らない人からすれば専門用語です。

これらを読んで、どんな仕事か具体的に理解できるのは、実は書いた本人だけです。なんとなくは理解できても、具体的なことはわかりません。その用語のとらえ方は、会社によっても違えば、採用担当者によっても違います。職務内容を書くときは、採用担当者は具体的な仕事内容をよく知らない、という前提で書きましょう。これが読み手にわかりやすく書くためのコツです。

体験ではなく経験を書こう

ところで、みなさんは「体験」と「経験」の違いをご存知でしょうか。体験と経験は、どちらも何かを見たり聞いたり行動したりすることを意味します。ただ、経験という言葉を使うときは、そこに自分ならではの本質的な意味を見出した場合が多いようです。「人生経験」とは言うけれど「人生体験」とは言いません。「体験入学」はあっても「経験入学」とは言いません。

職務経歴書にもこの“経”という文字が使われています。職務経歴書には、これまでやってきた仕事をただ羅列するのではなく、その仕事をするにあたり「どのような心がまえでやってきたのか」「どんな思いで取り組んでいたのか」「どんなことを学び、成長できたのか」といった、あなたならではの本質的な意味も書き込みます。

もっとも、主観的になりすぎてはいけませんが、かといって、やってきたことを無機質に羅列しただけでは、読み手に訴えかけることはできません。職務経歴書に経験を書くということは、採用担当者の感情に訴えかけるということ。いつもより熱量アップ気味に、あなたの経験を書き込みましょう。

悪い例	良い例
【職務内容】 焼き肉店での接客および販売／レジ業務	【職務内容】 焼き肉店での接客および販売／レジ業務 ・「お待たせしない」をモットーに、笑顔⇒注文⇒配膳をスピーディに行いました。 ・お客様に笑顔になっていただくために、何ができるかを考えながら行動しました。
職務内容だけでは、せっかくの頑張ってきたことが伝わらない。	イメージが浮かびやすく、何を大切に仕事に関わってきたのかが伝わりやすい。

※第５章114ページで、詳しく説明しています。

2-3

取得した資格をすべて書いている

資格の「鮮度」を考える

あなたは、これまで自分が取得した免許や資格の鮮度を把握していますか？　こう言うと「えっ？　どういうこと？　資格に鮮度ってあるの？」と戸惑うかもしれません。

たとえば自動車の運転免許は、５年に一度更新がありますよね。運転免許を持つにふさわしいかどうかをチェックし、法律など新しい情報をアップデートします。

このように免許や資格というものは、取得して終わりではなく、実際に仕事や業務に役立つものでなくては意味がありません。過去に頑張って取得した資格だからといって履歴書に羅列しても効果はありません。

逆に、やみくもに書けば書くほど、採用担当者からあなたの資格に対する考え方や姿勢に疑問を持たれる可能性もあります。

あなたの持っている資格を一度整理して、鮮度の高いものだけを書くようにしましょう。

その資格は役に立つ？

ところで、あなたの持っている資格は、これまで役に立ったでしょうか？　役に立つとは、その資格を持っていることで信頼を得たり、知識を活かせたり、仕事の幅が広がったり、周囲に貢献できたということです。

世の中にはさまざまな資格があります。趣味のため、個人の学びのために取得するのは、人生を豊かにするという意味でも大いに取得していただきたいところです。しかし、履歴書に書く場合は、応募する次の仕事に役に立つかどうかを考えながらチョイスしましょう。

※資格については第４章93ページで詳しく説明しています。

何事も練習と考える

「世界は思い込みでできている」。あなたもそう思いませんか？　世界は思い込みでできているから、自分でいかようにも世界を変えることができる。そんなふうに考えると、日々の出来事がまったく違った視点で見えてきます。

たとえば「履歴書を毎日書かなきゃ」と思えばノルマになりますが、「これで一歩ずつ採用に近づいている」と思えば、もう少し頑張ろうかなって思えますよね。また、履歴書は少しでも間違うと、最初から書き直さなければなりません。そんなときも、つらい作業の繰り返しですが「文字を綺麗に書くための練習」と思えば、もう一度仕切り直せますよね。

エジソンは言いました。「私は失敗したことがない。ただ、１万通りの、うまくいかない方法を見つけただけだ」。だからこそ、日々のやるべきことは、成功へ近づくための練習だと私は思うのです。練習を繰り返すことで、精度が上がり、あなたのヒューマンスキルは確実にアップしていると言えるでしょう。

2-4 文章が謙虚すぎる

どんな仕事も職場も未経験

落とされる履歴書・職務経歴書にありがちなのが「経験はありませんが、精いっぱい頑張ります」「未経験の分野で自信はありませんが、

〈「志望動機」の文例〉

悪い例	良い例
【志望動機】 私はこれまで事務業務を５年経験してきました。ですので、接客業務は初めてで自信はないのですが、やる気だけは誰にも負けません。どうぞよろしくお願いいたします。	【志望動機】 私はこれまで事務業務を５年経験してきました。その中でも電話応対や来客対応をしたことがあり、明るく爽やかな対応を心がけていました。貴社においてもお客様が「来てよかった」と思えるよう笑顔でお迎えしたいと思います。
初めての業務を「初めて」と書かなくても経歴をみればわかる。「誰にも負けない」は陳腐すぎて本気度が伝わらない。	過去にやってきたこともポジティブにとらえている。自分なりのイメージと、できることを具体的に伝えているのでわかりやすい。

よろしくお願いいたします」といった書き方。過去に同じような仕事を経験していたとしても、次の職場は誰しも未経験です。ですから、あえて「経験がない」と書く必要はありません。

とくに日本人は自己アピールが苦手のようです。とはいえ、誇大表現をしましょうということでもありません。ありのままの自分を書けばよいのです。少なくとも未経験であることをアピールすることはやめましょう。

文章にも性格が表れる

文章には、その人らしさが表れます。ですから、わざわざ謙虚さをアピールしようと「未経験ですが」と書かなくても、文章のそこかし

〈「職務要約」の文例〉

悪い例

【職務要約】
大学卒業後、大手通信会社に5年勤務。主に経理事務を担当。その後結婚のため退職。現在に至る。

「である調」が基本だが、書き方によっては少し硬い印象に伝わる。出来事だけだと、あなたらしさは伝わっていないかも。

良い例

【職務要約】
大学卒業後、大手通信会社の○○営業所で経理事務として5年間勤務しました。周囲のサポートを受けながら、社会人としてのマナーをはじめ経理業務のいろはを身につけました。

柔らかい印象をアピールしたいなら「ですます調」もあり。具体的な内容を書くことであなたらしさも伝わる。

こで、あなたらしさやあなたの謙虚さは十分伝わります。**いつものあなたらしく、あなたの良さをしっかりとアピールしましょう。**それだけで、文章全体からあなたらしさはにじみ出るものなのです。

2-5 不要な退職理由を書いている

退職理由は書かない！

よく履歴書・職務経歴書に退職理由を書いている人がいます。「退職理由を書かずに、あなたの強みを書いてみませんか？」とアドバイスしても、「いいえ、書かないと気が済まないんです」と言われる方がいらっしゃいます。

多くの人は、面接の場面で退職理由をどう伝えたらよいのか悩んでいます。これまで、相談者の多くが「人間関係がうまくいかない」「自分の能力を認めてくれない」といった、自分と会社側の思惑とのギャップを理由に退職しています。そのため、退職理由をありのまま伝えてしまうと、前職の悪口のようになってしまう……、だから悩むのです。

そのような過去を引きずらないためにも「退職理由は書かない！」と決めましょう。

面接で聞かれたら答えればいい

もし採用担当者が退職理由を知りたいとすれば、前職で何が不満だったのか、何がうまくいかなかったのかといった、応募者にネガティブ要素がないかどうかです。ですから、本当に退職理由を知りたければ、面接の段階で必ず質問されるでしょう。逆に、あなたが誤解のないようにと考えて履歴書・職務経歴書に書いたとしても、採用担当者には言い訳ととられてしまうかもしれません。

だからこそ、退職理由は書かずに、面接で聞かれたときにはじめて明るくさっぱりと答えればいいのです。

※退職理由については第３章71ページで詳しく説明しています。

2-6 どこかの文例をコピペしている

採用担当者は見抜いてしまう

とくに職務経歴書については、どのように書けばよいのかわからないからと、本やインターネットから文章をコピペするケースがあるようです。

しかし、このような文章からは、なにかちぐはぐな印象を採用担当者は敏感に感じ取ります。

また、コピペでなくても、若い応募者の書類が妙に年寄じみた表現で書かれていたりすると、良い印象を与えません。

自分がこれまで頑張ってきた経歴を、自分らしく等身大で書くことが大切なのです。

ラクをするか能力を身につけるか

これまでの経歴を自分の言葉で書き上げることは、決してラクな作業ではありません。

だからといって、文章をコピペするなどお手軽な方法に走ってはいけません。

履歴書・職務経歴書を自分で書くことで、文章作成能力やプレゼン力を磨けますし、自分の魅力を再発見することもできるはずです。

大変な作業だと思っても、粘り強く自力で作成するようにしましょう。あなたのその頑張りは、きっと報われる時がくるはずです。

〈「志望動機」の文例：20代の場合〉

悪い例

【志望動機】
まだまだ若輩者ではございますが、全身全霊をもって御社のために努力する所存でございます。

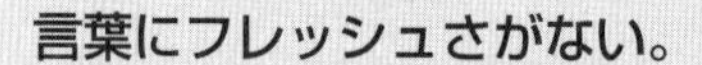

言葉にフレッシュさがない。

良い例

【志望動機】
これまでの営業経験は２年と浅いですが、全力で取り組んでいきたいと思います。

具体的であり、若者らしい文体でまとめられている。

2-7 間違えた箇所を書き直している

舞台裏を見せない

あなたは、どうして履歴書・職務経歴書をきれいに書こうとするのでしょうか？　もちろん、採用担当者に好印象を与え、採用してもらうためですよね。

そのためにも、間違えた箇所を書き直すことはやめましょう。最近は、簡単に修正できるボールペンもありますが、こちらで書くことも、あまりおすすめしません。「ここは修正したかな」というのが相手にわかってしまう可能性があるからです。

履歴書・職務経歴書は、あなたをアピールするための「晴れ舞台」です。だからこそ舞台裏を見せない努力も必要なのです。

※ボールペンの選び方については第４章81ページでも説明しています。

集中して間違えないように書く

とはいえ、人間のやることですから、途中でミスをしてしまうこともあるでしょう。だからといって修正作業の痕跡があると、前述のとおり印象は良くありません。

間違えないよう集中して書くようにしてください。そのように努力することで、「集中力」や「注意力」なども身についてくるはずです。

「転職に不利」を
「アピールポイント」に転換する

3-1 転職回数が多い

➡さまざまな職場への適応力と経験の豊富さを伝えよう

「今度こそ辞めたくない」と思うから慎重になる

「転職回数が多いから不利かも…」「また辞めるんじゃないかと思われるのでは…」と思うことありませんか？　そう思うとなかなか応募する勇気が出ませんよね。

転職回数が多いと、職務経歴書に企業名（職場）をたくさん書くことになりますし、理不尽な理由で辞めざるを得なかった場合には、書きながら気分も落ち込んできます。履歴書を書きながら、面接で聞かれるかもしれない退職理由を「どうしよう？」などと考えるうちに、慎重になりすぎてしまうこともあるでしょう。

そもそも、転職活動中は「今度こそ長く勤めよう」と心に決めていたはずです。そして、そんなあなたは、新しい会社に行くたび、その環境になじもうと必死だったのではないでしょうか。さまざまな会社で経験を積み重ねるたび、より深い知識やスキルを豊富に身につけてきたのではないでしょうか。

転職した回数分だけ、経験が豊富なことをアピールしよう

そう考えると、あなたがこれまでの職場で身につけてきた「適応力」や「柔軟性」「経験の豊富さ」はアピールすべき能力です。転職の回数だけで判断する会社ではなく、あなたのそういった能力をしっかりと見てくれる会社に応募しましょう。

新しい職場の人とうまくやるために、どんなことを意識してきたでしょうか？　さまざまな仕事を経験するなかで、身につけたスキルはなんでしょうか？　それがあなたの強みであり、あなたらしさです。

そんなあなたらしい強みが採用担当者に伝わるように履歴書・職務経歴書を書きましょう。

これまでの豊富な経験をもとに、あなたが携わってきた仕事の具体的な内容、どんな工夫をしたのか、どんなふうに乗り越えたか、どんな心がまえで取り組んできたのか、どの会社でも一貫して大切にしてきたことはなにか……。多くの企業で働いてきたあなただからこそ見えてくるものを整理してアピールしましょう。

「今度こそ辞めないぞ」と思って転職活動を頑張ったのに、辞めざるを得なくなったときは、不安な気持ちで押しつぶされそうになったことでしょう。周りからいろいろ言われたり、自分自身を責めたりしたかもしれません。それでも、「今度こそ」と勇気を振り絞って頑張ろうとするあなたの粘り強さは、次の職場できっと花開くはずです。

ここがポイント！

- 転職先で身につけた経験をアピールしよう。
- 具体的な仕事の内容、心がまえ、一貫した強みを整理しよう。

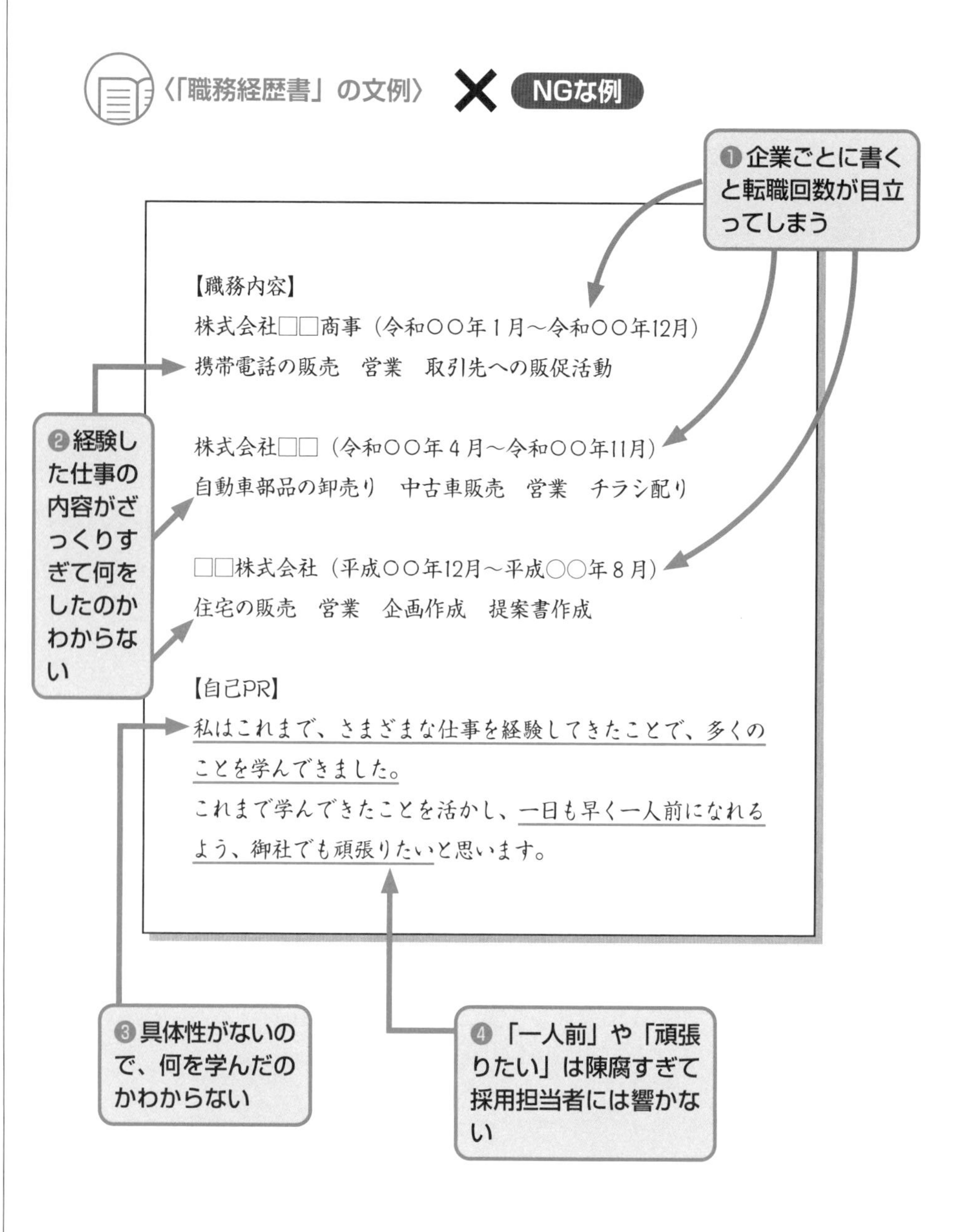
〈「職務経歴書」の文例〉
✕ NG な例
❶企業ごとに書くと転職回数が目立ってしまう
【職務内容】
株式会社□□商事（令和○○年1月～令和○○年12月）
携帯電話の販売　営業　取引先への販促活動
株式会社□□（令和○○年4月～令和○○年11月）
自動車部品の卸売り　中古車販売　営業　チラシ配り
□□株式会社（平成○○年12月～平成○○年8月）
住宅の販売　営業　企画作成　提案書作成
【自己PR】
私はこれまで、さまざまな仕事を経験してきたことで、多くのことを学んできました。
これまで学んできたことを活かし、一日も早く一人前になれるよう、御社でも頑張りたいと思います。
❷経験した仕事の内容がざっくりすぎて何をしたのかわからない
❸具体性がないので、何を学んだのかわからない
❹「一人前」や「頑張りたい」は陳腐すぎて採用担当者には響かない

〈「職務経歴書」の文例〉  OKな例

❶応募先に活かせる仕事の経験をまとめているのでわかりやすい

【職務内容】

営業職（通算５年）

＜業務内容＞携帯電話：店頭での販売、電話対応、仕入れ先との値段交渉、チラシ配り、ポップ作成、クレーム対応

中古車等：店頭販売、顧客への訪問販売、商品の管理とメンテナンス、クレーム対応、キャンペーン活動

住宅：展示場での営業、顧客のアフターフォロー、DM作成、チラシ配布

❷仕事の内容をより詳しく具体的に書いているのでイメージしやすい

＜心がけたこと＞・お客様の困りごとは何かを常に意識しながらお話をお聴きしました。

・明るく爽やかな印象を心がけ、まずは名前をおぼえてもらうことを意識しました。

❸仕事だけでなく「心がけ」についても触れているので働きぶりが伝わりやすい

【自己PR】

私はこれまで、さまざまな会社で営業をしてきました。一貫して大事にしてきたのは「お客様のお悩みをとことん聴く」ということです。とことん聴くという営業を続けてきたことで、私はこれまでお客様からの信頼を得てきました。このように、お客様との信頼関係を築く力は、御社でも活かせると考えております。

❹自分の強みを一つに絞って強調しているのでメリハリがある

❺会社に必要なスキルであることをアピールしている

3-2 もう50代だから

➡50代ならではのスキルとチャレンジ精神をアピールしよう

自分の能力を整理しよう

これまで、長年にわたり会社に貢献してきたのに突然のリストラ――。この年齢で今さら転職活動なんて何から手を付けたらいいのかわからない……、そんな人もいることでしょう。

「これまでの経験が、ほかの会社で通用するのだろうか？」「やっぱり採用されるのは若い人だよね」。そんなふうに不安に思うかもしれません。50代は自分がやってきた仕事人生が確立され、統合される時期。「定年まであともう少しだったから、これからのことなんて何にも考えてなかった」という人も多いのではないでしょうか。

会社を辞めたあとは、これまでのように会社の看板や肩書は使えません。まずは、会社の看板をはずした自分に、どんな能力があるのか整理する必要があります。

新しい分野に目を向けることも必要

とはいえ、何十年ものあいだ、ただ言われるままに働いてきたわけではないですよね。あなたなりに生産性をアップするため、工夫を重ねてきたことでしょう。また、仕事以外の経験や周りの人々との関わりのなかで、柔軟に対処しながら生き抜いてきたはずです。

そんなこれまでの自分を振り返り、あなたの強みを客観的に整理し、社外でも通用する能力やスキルを見極めましょう。きっとあなたの能力を必要とする会社があるはずです。

それから、今まで会社や家族のために封印してきた「本当はこんなことやりたかったんだ」ってことありませんか？　残りの人生を悔いのないように送るために、新しい仕事・業界に目を向けることも必要かもしれません。そのためには、未経験の業界について情報を収集し、どのような人材が求められているのかを分析することが必要です。

ここがポイント！

- 身につけたスキルや能力を、客観的に整理しよう。
- 未経験の業界の情報を分析し、新しい分野にチャレンジしよう。

時間をみつけて運動しよう

あなたは今、汗をかくほど身体を動かしていますか？「転職活動だけで手いっぱいで、身体を動かす余裕なんてない」と思ってはいないでしょうか。

実は、身体と精神は密接な関係があります。転職活動中は、精神的に緊張状態・不安状態が続くため、脳が極度に疲労しています。一方、身体のほうはというと、不安感からじっとしていることが多く活発でなくなるので、思っているほど疲労はしていません。そのため、脳の疲労と身体の疲労がアンバランスになってしまいます。そんなときは、身体も適度に疲労させることが大切です。

ポイントは「汗をかくほど」です。軽いジョギングや軽いスポーツをはじめてみませんか？「スポーツなんて…」と思われるかもしれませんが、運動のあとは、すっきりと気分も爽快になること請け合いです。このように、一日の中で心身にメリハリのある時間を設けることも、転職活動を乗り切るためにはとても大切なことです。

❶応募先についての思いを書いておらず、説得力に欠ける志望動機になっていて残念

❷年代式だと、20代のことから書くことになり、読み手はそんな昔に興味が持てない

【志望動機】

私はこれまで通信会社にて営業22年、○○支店長として８年間管理業務に従事してきました。この間に、営業ルートの開拓で、○○年には全国第２位の実績を達成しました。○○支店長時代は、地域に密着した営業展開を実施し、イベントへの協賛など積極的な活動を行いました。今回は、まったくの異業種ですが、初心に戻ったつもりで残りの職業人生をまっとうする所存です。

【職務内容】

平成○年４月～平成○年２月　大阪支社　営業部

• パソコンおよび周辺機器の販売・営業
• パソコンショップへのルート営業

❸具体的な売上金額などが書いておらず、実績がわからない

平成○年３月～令和○年12月　福岡支社　法人営業部　課長

• 民間企業へのコンピュータ搬入および通信機器全般の営業
• 県庁および地方自治体の入札対応

❹役職は強みではない

【能力および強み】

私はこれまで、営業の仕事を22年間邁進してまいりました。担当から課長に昇進し、最後は○○支店長として支店をまとめてまいりました。私の強みは、積極的に行動する、先手必勝です。これまでも全力で取り組むことをモットーに売上に貢献してきました。

❺応募先が異業種であれば、これまでの強みを全面的に書くのは効果的ではない

〈「職務経歴書」の文例〉  OKな例

❶応募につながる動機が等身大の言葉で書かれているので伝わりやすい

【志望動機】
私はこれまで通信会社にて営業12年、○○支店長として５年間管理業務に従事してきました。イベントを通じて地元の方のお話をお聴きするうちに、これからは地元のご高齢者のために働きたいと思うようになりました。３年ほど前から両親の介護にも関わるようになり、介護福祉士の勉強にも現在取り組んでいます。いちから学ぶつもりでどんな業務にも積極的に取り組みたいと思っております。どうぞよろしくお願いいたします。

【職務内容】
営業職（通算12年）

❷仕事の内容別（キャリア式）にまとめているのでわかりやすい

＜業務内容＞

量販店および小売店、企業への販売および営業	総売上高　１億８千万円
県庁および地方自治体への入札対応	総売上高　３億５千万円

❸具体的な数字、達成率などは成果が伝わりやすい

管理職（通算５年）
＜業務内容＞
課長２名、係長３名のマネジメント業務
「５％残業削減」の企画立案と実施（実施率97％クリア）

❹異業種に応募の場合、次の業務に必要な能力や強みを具体的に書くとよい

【能力および強み】
・コミュニケーション　私はこれまで、量販店や企業、地方自治体とさまざまな方と事業に取り組んできました。現場にはひんぱんに顔を出し、年齢や性別問わず積極的にコミュニケーションをはかってきました。

・チャレンジ精神　これまで営業業務だけでなく、管理職や支店長職にも積極的に取り組んできました。常に新しい仕事に興味関心をもち、主体的に取り組むことを大切にしています。

❺強みごとにまとめて書くことで、伝わりやすい

3-3 非正規社員だった
➡仕事に取り組んできた姿勢や強みを前面に出そう

「非正規社員だったから不利」というのは思い込み

「派遣社員だったから不利かも？」「正社員じゃないから、ちゃんと働いてなかったって思われるかも？」と思ったことはありませんか？どうしてそう思うのでしょうか？

もしかしたら、非正規社員として働いてきたあなたは、責任ある仕事を任せてもらえなかったから「非正規社員は、責任のない仕事しか任せられない人」と思っているのかもしれません。もしかしたら「同じ会社に長期間勤めていないと信頼されないのでは？」と思い込んでいるのかもしれません。

はたして、そうでしょうか？

非正規社員だったあなたは、次回の契約も継続してもらえるように、どんな仕事も責任感をもって取り組んできたはずです。周りの人から信用を得るために、周囲とコミュニケーションをとりながら、日々さまざまなことを我慢してきたはずです。

あなたが、これまでどんな仕事に一生懸命取り組んできたのか、どんな思いや姿勢で仕事に取り組んできたのか、を職務経歴書でアピールしないともったいないと思います。

頑張ってきたことを論理的に伝えよう

これまで頑張ってきた仕事は、どんな仕事でしょうか？

辛いとき、逃げ出したいとき、どう乗り越えてきたでしょうか？

これまで頑張ってきたこと、身につけた強みは職務経歴書の「職務内容」や「能力や実績」「自己PR」でしっかりとアピールしましょう。

　このとき大切なのが、読み手にわかりやすく、伝わるように書くことです。あなたが身につけたスキルや経験が、きちんと評価してもらえるように伝えましょう。

ここがポイント！

- 取り組んできた仕事の内容、能力、実績をわかりやすく整理しよう。
- あなたの強みや特長、魅力的な個性を全力でアピールしよう。

〈「職務経歴書」の文例〉NGな例

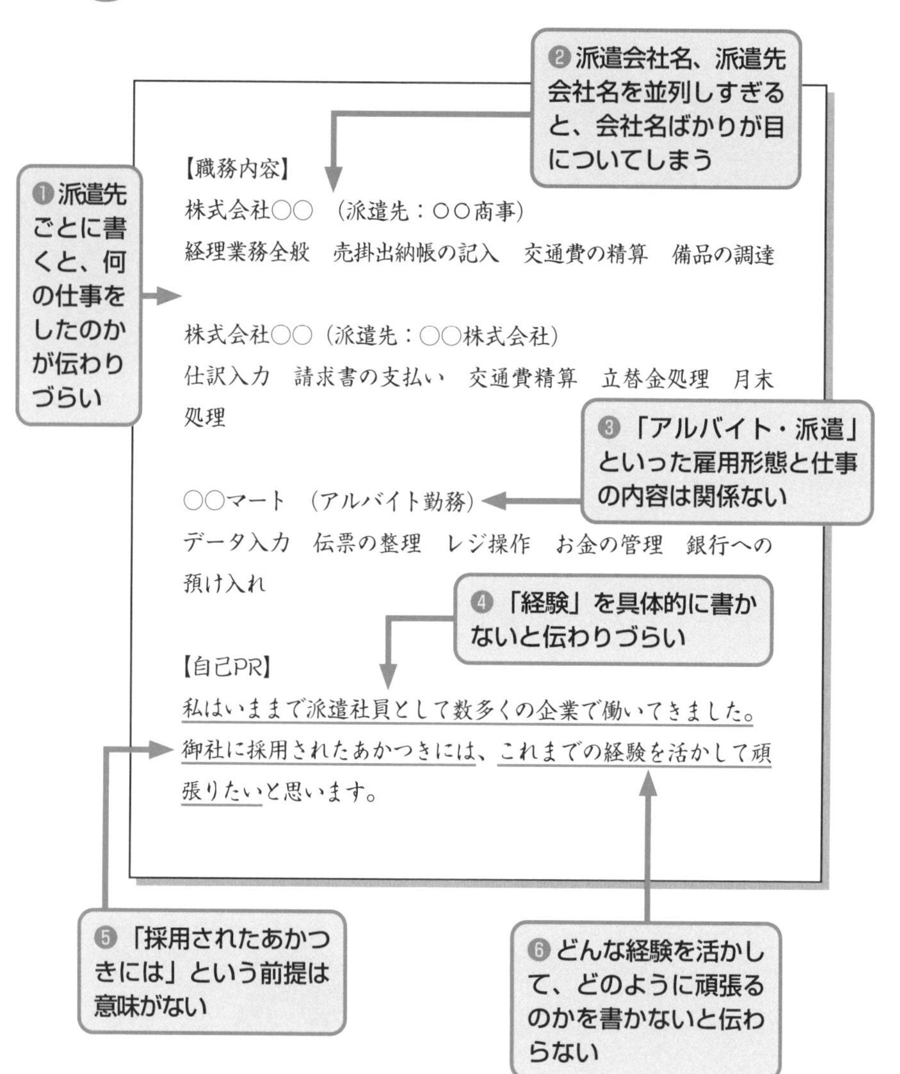

〈「職務経歴書」の文例〉  OKな例

❶「会社ごと」ではなく「業務ごと」に仕事をまとめると、何をしてきたかが伝わる

【職務内容】

経理事務業務（通算４年）

<業務内容>経理業務全般／売掛出納帳の記入／交通費の精算／仕訳入力／請求書の支払い／交通費精算／立替金処理／月末処理

データ入力／伝票の整理／お金の管理／銀行への預け入れ

❷経験した仕事を、わかりやすいキーワードで書いている

<心がけたこと>・伝票の取り扱いについては二重チェックを行い、正確に入力することを心がけました。

・月末処理など決まった作業は、マニュアルを作成し、作業に取りこぼしがないように工夫しました。

❸心がけたことは「具体的に」書くと読み手がイメージしやすい

【自己PR】

私は、いままで数多くの企業で、主に経理業務を行ってきました。なかでも、○○商事株式会社では、チームリーダーとして経理部全体をとりまとめる役割を担ってきました。具体的な処理業務だけでなく、業務全体の流れを把握し、どの部分に注力しながら業務を進めたらよいかを意識しながら、これまでも取り組んできました。このような経験を活かし、とくに経理部門の業務の効率化に貢献したいと考えております。

❹具体的なエピソードが書いてあるので、興味を持たれやすい

❺具体的にどんなことで頑張りたいのかが書いてあるので期待できる

3-4 アルバイト経験しかない

➡経験してきた仕事を堂々と書こう

雇用形態と仕事の内容は無関係

「アルバイトは仕事ではないよね」「アルバイト経験しかないから履歴書は書けないのでは？」。そんなふうに思ったことはありませんか？

アルバイトと聞くと、簡単な仕事、すぐ辞められる仕事、責任のない仕事といったイメージがあるかもしれません。どうしてそんなイメージを持つのでしょうか？　もしかしたら、周囲がそんな誤った認識でアルバイトをとらえているのかもしれません。そんな誤った認識があるから、つい自分も「アルバイトってお気楽だよね」と思ってしまうのかもしれません。

あるいは、本当は正社員になりたい、長期の仕事に就きたいと思っていても、就ける仕事がアルバイトしかなかった、という人もいることでしょう。育児や介護など家庭の事情で短時間勤務を選択した人もいるかもしれません。

そもそも、アルバイトとは雇用形態の名称にすぎません。アルバイトもパートも、労働時間や仕事の契約期間が限定されているだけで、けっして無責任でお気楽な仕事ではありません。アルバイトだからといって無責任に仕事をするのではなく、もしかしたら正社員以上に責任感を持って働いてきたという人も多いでしょう。

取り組んできた仕事の内容や心がまえを書こう

そう考えると、アルバイトはただの雇用形態であって、やってきた仕事の中身や心がまえ、取り組む姿勢は、十分にアピール材料となるはずです。短い時間で効率的に仕事をこなしてきたあなたの取り組みを、ぜひ採用担当者に伝えましょう。

仕事の内容を詳しく書くためには、まずは仕事の棚卸しをします。たとえば「接客」と書くだけではわかりづらいので、朝から具体的にやってきたことを時間軸で書き出します。「清掃、商品の整理整頓、レジ業務、電話対応……」といった具合です。

また、その仕事をしたとき、何を大切にしていたのかも書き出してみましょう。「時間厳守」という人もいれば、「お客様を待たせない」という人もいます。あなたが何を大切にしているのかを書き出すことは、あなたがどんな心がまえで仕事をしてきたのかを採用担当者に伝えることにつながります。

ここがポイント！

- アルバイトという枠組みでなく、やってきた仕事の内容を整理してみよう。
- どんな心がまえで取り組んできたのか、何を大切にしているのかを書き出してみよう。

仕事の内容は具体的に書こう

仕事の内容を、当たり前に使っている言葉で書いてはいませんか？それだと採用担当者には伝わりません。「この言葉は通じないかも？」と一度疑ってみて、業界に詳しくない人にもわかりやすいように工夫しましょう。

●仕事内容をわかりやすく言い換える例

×	営業	→	○	大手（資本金１億以上）企業を中心に、社内のシステム構築を営業
		→	○	ご来店するご家族（30代）への一戸建て住宅の販売営業

×	経理事務	→	○	社内の水道・電気・消耗品の毎月の支払および経理システムへの入力
		→	○	本部社員（50名程度）の毎月の交通費精算業務
×	レジ業務	→	○	店内商品のレジ業務（駅前立地のため朝夕の混雑時に対応）
		→	○	レジ業務、お客様からのクレーム対応、商品の取り寄せおよび陳列業務、店内清掃、施錠
×	データ入力	→	○	書類のチェック、データの入力業務、入力ミスのチェック、ファイリング、電話応対、書類の管理および整理
×	企画	→	○	新商品向けの市場調査、アンケートの集計、企画会議への参加、議事録作成、開発部とのスケジュール調整、不具合のチェックおよび改善
×	IT業務	→	○	ソフトウェア開発、インフラ整備、ホームページのコンテンツ作成、モバイル機器の活用企画および運用、セキュリティ対策
×	管理業務	→	○	リーダー３名の業務進捗管理、目標設定におけるヒアリングとフィードバック、社内目標の戦略会議、担当のフォロー同行、残業管理

「心がけてきたこと」は前向きに書こう

職務経歴書に謙虚さは必要ありません。なぜなら、職務経歴書はあなたが会社にとって必要なことを全力でアピールする書類だからです。良いところは磨きをかけて、採用したくなるような文章にしましょう。

●「心がけてきたこと」をアピールする文例

× 毎月の売上ノルマが達成できるよう日々努力を重ねてきました。
→ ○ お客様の悩みをていねいにお聴きし、自社製品を使うことで問題解決できることをアピールしました。その結果、毎月の売上ノルマを達成することができました。

ノルマを達成するために努力する、は自分の仕事は何かを伝えているにすぎない。もっと具体的に「どんな工夫をして」達成できたのかを書こう。

× 入社して1年間、社会人としてのマナーを学ぶことができました。
→ ○ 1年目から、伝票の仕訳業務や交通費精算を行いました。入力ミスをしないようダブルチェックをかかさず行いました。

社会人としてのマナーを身につけるのは当然のこと。「何をしたのか」「ミスをしないためにどんな工夫をしたのか」を書こう。

× 接客のマナーを身につけました。
→ ○ お客様の目を見て、笑顔で接客することを心がけていました。

身につけて、さらにそれを日々心がけていることを伝えることが大事。自分が何を大切に、何を心がけているかについて書いてみよう。

× 材料の仕入れから商品の納入まで、ひと通りの業務を学びました。
→ ○ 常にコストを考えた仕入れを心がけ、納入期限を意識したスケジュール管理を徹底しました。

「学びました」だけではもったいない。行動していること、心がけていることを具体的に書こう。

× 患者様に常に寄り添いながら窓口の業務を行いました。
→ ○ 受付窓口では、患者様をお待たせしない、笑顔で対応、困りごとは何かを意識しながら質問するなど、常に患者様に寄り添いながら対応いたしました。

「寄り添う」だけではあいまい。より具体的で、イメージしやすい表現を心がけましょう。

3-5 ひとつの仕事しか経験がない

➡これまでの業務を専門性と汎用性に分けて考えよう

「ひとつの仕事」を分析してみる

これまで、ひとつの仕事を黙々と頑張ってきたのに、突然、仕事を辞めなくてはならなくなったとしたら、ただ茫然と立ち尽くすしかないかもしれません。

しかし、ひとつの仕事を長年、辛抱強く続けることは忍耐や努力や我慢もあってのこと。あなたのこれまでの頑張りや、積み重ねてきたことは決して無駄ではありません。むしろ、無駄にしたくないからこそ、あなたのこれまでやってきたことを「専門性」と「汎用性」の視点から分析する必要があります。「専門性」とは、専門的な仕事であり、特別の能力やスキルを持ち合わせる人でないとできないことを言います。「汎用性」とは、どの仕事にも通じるものであり、万人に必要とされるものです。

まずは、その振り分けから行ってみましょう。

あなたのスキルを戦略的にアピールするために

仕事にもよりますが、長い年月をかけてひとつの仕事を成し遂げてきた人は、企業から好まれます。その粘り強さと専門性を買われます。ですので、まずはあなたのスキル（仕事）の専門性を書き出します。ただ、専門性のあるスキルだけでは、応募する会社や業種にうまくマッチングしない可能性もあります。

そんなときは、汎用性のあるスキル（仕事）についても整理しておくと別の手を打つことが可能です。大切なのは、これまでの経験をひとくくりに考えず、整理し、分析すること。そして、あなたの貴重な経験のなかの何をアピールすればいいのか、を見つけることです。

ここがポイント！

- 仕事の本質を理解し、「専門性」と「汎用性」に整理しよう。
- 「わかってくれない」ではなく、「わかるように」アピールしよう。

求められる「専門性」を読み解く

「専門性」とは、その業界に特化した専門的なスキルです。自身が関わる仕事や専門分野の業務をこなすことのできるスキルのことです。ただし、自社（前職）だけでしか通用しない能力は、転職の場合、他社で使えるかどうかも検証する必要があります。そのため、その専門的能力がどのレベルかを客観的に把握することが大切です。

とはいえ専門的能力は、あなたの強みそのものです。その能力を明確化し、具体的に応募先の会社でどんなふうに活かせるのかをわかりやすくアピールする必要があります。また、前職では当たり前のなんてことない能力でも、他の業界ではとても新鮮で魅力的な能力に見えることもあります。専門的能力は見方を変えるだけで、さまざまな用途があり、採用に近づく強みとも言えるのです。

求められる「汎用性」を読み解く

「汎用性」とは、会社や業界に関係なくどんな場面でも必要とされるスキルのこと。専門的能力が長けていても、この汎用的能力が欠けていては採用につながりません。たとえば、コミュニケーション能力、協調性、積極性、傾聴力、論理的思考力など。

つまり、周囲の人と仲良くできるか、チームとしてみんなで協力できるか、そのために自分自身の管理がちゃんとできるか、常に課題を解決するために前向きに立ち向かえるか、将来についての準備と対策が考えられているか、といったことです。このような能力に関することは、書類だけでなく、面接でしっかりとアピールできるようにしておきましょう。

●あなたのスキルを分析するためのワークシート

- **その会社でしか使えないスキル**…会社では必要であるが、他の会社では応用が利かない
- **強みと呼べる専門スキル**…他の会社でも必要とされ、他の人より秀でているスキル
- **ヒューマンスキル**…コミュニケーションに必要な傾聴力、協調性・関わり力といったスキル
- **テクニカルスキル**…パソコンやスマートフォン・タブレットの操作など

専門性スキル	汎用性スキル
・その会社でしか使えないスキル	・ヒューマンスキル
・強みと呼べる専門スキル	・テクニカルスキル

3-6 ブランクが長い

➡未就職期間に経験したことを仕事につなげてみよう

仕事をしていなくても“働いた経験”はある!?

仕事をしていない期間が長いと、いったい何から手をつけていいのかわからないですよね。仕事をしたほうがいいと頭では理解していても、どうにも行動が伴わずに、だんだんと気持ちが滅入ってしまう——。仕事をしていない理由は人それぞれですが、いざ転職活動をしようと思うと、ネガティブになってしまうようです。

労働とは、報酬を得るために体力や知力を使って働くことです。あなたは仕事をしていない間、報酬を得なくても、体を使って何かをしてきたはずです。さまざまなことを考えたり、学習したりと頭も使ってきたのではないでしょうか？　そう考えると、これまでに経験したことはすべて“働いた経験”ともいえるのです。

そんな経験をあらためて整理してみましょう。「こんなの仕事の経験じゃない」ととらえているのは、もしかしたらあなただけかもしれませんよ。

ブランク期間をチャンスととらえる

あるテレビ番組で話題になった男性がいらっしゃいます。彼は、病弱ということもあり、働いていない時期があったそう。そんな彼は、あるときドローンに興味を惹かれ、その後ドローンを自ら作成したり、操縦したりと没頭していくようになり、現在はドローンレーサーとして世界中で活躍しています。

働けない期間を“学びの時期”と考える人もいます。各都道府県が実施する職業訓練校では、３か月から３年といった期間、新たなスキルを身につけるための訓練を受けることができます。ここでは、目的に応じたさまざまな知識やスキルを身につけることができ、資格の取得にもチャレンジできます。ブランクをチャンスととらえれば、働くことへの意欲が高まりそうですね。

ブランクが長いあなたにお願いしたいのが、まずは、これまで経験してきたこと、得意なこと、好きなこと、自分の性格や特徴などを整理すること。そのときに忘れてはならないのが、自分を客観視することです。「できないかも」というレッテルを貼らず、小さな「できた」を積み重ねましょう。

長いブランクのあと、仕事を始めるにはリハビリが必要です。規則正しい生活を送ること、どこかに出かけること、誰かと会話をすることなど、簡単な目標を決め、それを毎日達成してみましょう。

ここがポイント！

- 自分の興味・関心について整理しよう。
- 日々、規則正しい生活から始めよう。

あなたの興味・関心について整理しよう

仕事をしていない期間が長いと、いざ仕事をしようとしても不安で自信が持てません。仕事の経験がないなら、どんなことに夢中になれるか、夢中になって取り組めることはなにかを整理してみましょう。どんな小さなことでもいいので、書き出してみましょう。

やってきたことを仕事に置き換える

「ブランクが長い」のブランクとは何を指すのでしょうか？　多くの人はブランクという言葉を「何もしていない」という意味で用います。でも、あなたはブランクの間、何もしていなかったでしょうか？

将来に向けて不安になりながらも、明日に向けて少しずつ準備をし

●あなたの興味や関心事を整理するためのワークシート

夢中になれるものは何？	
どうして夢中になれるの？	
それはどんなふうに人の役に立つ？	
具体的にはどんな仕事が想像できる？	
自分ならではの特長はある？	

てきたのではないでしょうか？　専業主婦であれば、家族のために料理を作り、掃除をし、近所付き合いを上手に行い、日々頑張ってきたのではないでしょうか？　親の介護をしている人であれば、介護に必要な情報収集をし、介護施設と連絡をとり、身の回りの世話をこなしてきたのではないでしょうか？

そう考えると、何もしていない人なんてひとりもいませんよね。だったら、そんな頑張ったブランク期間をアピールしないのはもったいないと思います。あなたの頑張ったことが仕事として活かせることを履歴書・職務経歴書でアピールしましょう。

●ブランク期間の経験の書き方の例

家の掃除	清掃 ・整理、整頓、掃除、廃棄と段取りよくメリハリをつけながら行いました。 ・水回りなど汚れがつきやすいところは定期的に行っています。
料理	調理 ・栄養バランスと盛り付けを工夫しながら、飽きのこない献立を考えました。 ・食べやすいように細かく刻んだり、誤嚥を防ぐためにとろみをつけるなど工夫しました。
近所付き合い	周囲とのコミュニケーション ・地域の会合には必ず参加し、情報収集とネットワークを広げました。 ・自分ができる作業（パソコン関連）は率先して行いました。
子育て	0～5歳児の世話 ・安全に気をつけながら、子どもが興味を持つ遊びを自由に行えるよう見守りました。 ・手洗い、あいさつ、片づけといった生活習慣が自然と身につくよう日頃から声かけをしています。
介護	介護 ・本人ができることは積極的にしてもらえるよう、部屋のなかの環境を整えました。 ・大きな声でゆっくりと声かけを行い、笑顔で対応しました。
ボランティア	ボランティア活動 ・ボランティアに登録し、今月は3回ほど駅前の清掃活動に参加しました。また、先月は、豪雨被害のボランティアにも参加しました。

3-7 前職とまったく違う職種だから

➡前職をどう活かせるかをアピールしよう

前職の強みはなにかを整理する

世の中はものすごい速さで変化し続けています。新しいものが増え、価値観が変わり、常識や法律も刻々と時代に合わせて変化しています。また、そんな時代に必要とされる仕事が生まれ、不要な仕事はなくなっていきました。働き方もずいぶんと様変わりをしてきました。

ですから、以前と違う職種だからと尻込みする必要もなければ、躊躇する理由もありません。これまでと違う仕事に興味や関心を持ったり、「やってみよう」とチャレンジすることは自然なことなのです。

とはいえ、まったく新しい仕事を覚えるよりは、経験してきた仕事や得意分野を活かせる仕事をしたほうが、ストレスが少ないはずです。そのためにも、前職の仕事の内容やそのなかで見つけた「強み」を整理し、どんな仕事に活かせるか考えてみましょう。

ここがポイント！

- 強みの本質を見極めれば、新たな仕事にも大いにチャレンジできる。
- 新たな発見を楽しめることが最大の強みである。

〈「職務経歴書」の文例〉

NGな例

❶不安な気持ちはみんな同じ。これでは不安感しか伝わらない

【志望動機】
私はこれまで、事務業務に従事してきました。親の介護のため、地元に帰る決意をし、先月退職をいたしました。しいたけ栽培はまったく初めての仕事ですので、不安がありますが、両親のためにも頑張りたいと思っています。どうぞよろしくお願いいたします。

【職務内容】
株式会社□□産業（令和○年1月～令和○年12月）
一般事務業務：伝票入力、受発注業務、営業担当者の交通費精算業務、消耗品の発注と支払い業務、従業員の勤怠管理、電話応対、窓口対応

- 伝票入力は、間違いがないようにダブルチェックを行いました。
- 従業員の勤怠管理については、締め切りに間に合うように対応しました。

❸応募先に役立ちそうなことがまったく書かれていない

❷過去の仕事は整理されて書かれてはいるが、異業種への配慮が足りない

〈「職務経歴書」の文例〉 OKな例

❶仕事に対する熱意が伝わる。前職からのつながりを見つけている

【志望動機】
私はこれまで、事務業務に従事してきました。親の介護のため、地元に帰る決意をし、先月退職をいたしました。地元特産のしいたけ栽培の仕事の募集があると聞き、せっかく地元に帰るのであれば、ぜひチャレンジしたいと思いました。前職では、大手スーパーとの取引があり、地元特産しいたけの話で盛り上がったことがあります。どうぞよろしくお願いいたします。

【職務内容】
株式会社□□産業（令和○年１月～令和○年12月）
一般事務業務：電話応対、窓口対応、取引先の対応および折衝業務、マーケティングリサーチ、受発注業務、営業担当者の交通費精算業務、消耗品の発注と支払い業務

- 取引先との交渉では、お互いにwin-winになるような関わりを心がけました。
- 従業員の方々が毎日気持ちよくお仕事ができるように気を配りました。

❷事務業務のなかでも、人と接する業務を優先して書いている。次の仕事でも活かせる内容を優先している

❸業務内容では伝わりづらい、コミュニケーションの部分を積極的に書いている

新たな出会いとのコラボレーション

世の中は「不確実性の時代」と言われています。予測どおりにはうまくいかないし、想定外の大ブレイクが起こる可能性もあります。普通の主婦だった人が、ある日突然、雑誌の表紙を飾ったり。中卒でアルバイトをずっとしていた人が、会社の経営者になったり。

大事なのは、「やりたい」と思うこと。「やってみよう」と想像すること。「やるぞ」と決断すること。周囲の人が引き留めることは想定内と思いましょう。

「そんなのできっこないよ」「無理だからやめときな」。いったい何を根拠にそのようなキラーメッセージを送るのでしょうか。周囲の人は、そのメッセージについて何も責任をもってはくれません。あなたはあなたの人生すべてに責任を負います。だからこそ、自分で願い、想像し、決断をすること、すなわち自分で自分の人生を創造することが一番大切なことなのです。

世の中のさまざまな出会いは、不思議な化学反応を起こします。つまり、1＋1＝2ではなく、3にも100にも変化するのです。そんな素敵な時代に私たちは生きています。だからこそ、新しい環境、新しい仕事、新しい人との出会いに積極的にチャレンジし、人生そのものをコラボレートしていくことが大切なのです。

3-8 人間関係で辞めた

➡辞めた理由を書くのをやめよう

多くの人が「人間関係」で会社を辞めている

会社を辞める理由はさまざまです。なかでも常に上位を占める理由のひとつに「人間関係」があげられます。ですから、「人間関係がうまくいかなくて会社を辞めた自分はダメだ」なんて思わないでください。とはいえ、履歴書や職務経歴書を書く際、「辞めた理由をなんて書こう…」「人間関係で辞めたというとコミュニケーション能力に問題があると思われるかも…」と思うと、どう書けばよいか困ってしまいますよね。

退職理由にとらわれてしまうと、ついつい職務経歴書に言い訳がましく書きたくなってしまいます。履歴書・職務経歴書の目的はただひとつ。採用担当者から会ってみたいと思ってもらうことです。退職理由を延々と書いている書類なんて、採用担当者は読みたくありません。採用担当者は、あなたにどんな能力があるのか、自社で貢献してくれそうか、といったことを知りたいのです。

「退職理由は書かない！」と決めましょう。

過去は振り返らず未来を向こう

それでは、退職理由を書かずに何を書けばいいのでしょうか？　ずばり、新しい会社で何をしたいか、自分にはどんな強みがあり、どんなふうに貢献できるかを書くのです。つまり、採用担当者が欲しい情報を優先的に書けばよいのです。

そのためには、応募先の企業研究は大切です。どんな会社で、何をしているのか、どんなことをビジョンに掲げているか、会社のビジョンと自分のキャリアビジョンが同じベクトルにあるか——。そういったことを分析し、検証するのです。

そうすることで、辞めたときのモヤモヤした感情は、どこかに置けるようになっているはずです。過去は変えられませんから、未来を向いて進んでいきましょう。

ここがポイント！

- 「退職理由は書かない！」と決めよう。
- 採用担当者が知りたいことから優先順位をつけて書こう。

退職理由を整理しよう

退職理由を書かないとしても、心の中にモヤモヤが残っていると、次の応募に気持ちが向かないですよね。気持ちを切り替えるためにも、いったんそのモヤモヤを整理するところから始めませんか？

私たちは日々、自分に都合のよい「とらえ方」を無意識にしています。そんな自分のとらえ方を、周囲の人に否定されたり受け入れられなかったりすると、腹が立ったり、イライラしたりします。

一方で、そのような誰にも受け入れられない状況から逃げたいと思うのも当然のこと。そんな心のモヤモヤから解放され、新しい一歩を踏み出すためにも、退職理由を整理することはとても大切なことなのです。

●退職理由を整理するためのワークシート

退職理由はなんですか？	
どうしてそう思いましたか？	
相手（会社）はあなたの退職をどう思っているでしょうか？	
それについてどう思いますか？	
退職することで得られたものはなんですか？	
退職することで失ったものはなんでしょうか？	
もし退職しなかったら今頃どうなっているでしょうか？	
退職した自分をどんな言葉で褒めますか？	
この退職をどう活かしていきますか？	

3-9 子育て中だから
➡短期間で生産性を上げられることをアピールしよう

子育て中だからこそ「生産性」が強みになる

「子育て中だと会社に迷惑がかかるから雇ってくれないかも？」「育児と仕事の両立が不安でしょうがない」と思ったことはありませんか？小さなお子さんがいると「熱を出したらどうしよう」「そのために仕事を誰かに頼むのは心苦しい」と思うかもしれません。

子どもの誕生は素晴らしいことですし、なにより我が子の成長はなにものにも代えがたい喜びがあります。一方で、子育てと仕事の両立は大変です。周囲を巻き込み、みんなで育てていく必要があります。

そのためにも、まずは子育てを最優先に、無理のない働き方を考えましょう。そのうえであなたの強みはなにかを考えるのです。

圧倒的な強みは、子どもがいること。なぜなら、子どもがいるので頻繁に残業はできないでしょう。残業はできないから就業時間内に仕事を終わらせようと思いますよね。

それは、つまり「労働生産性を上げる」ということ。

だらだら残業する人と、時間内に仕事を終わらせる人と、あなたが経営者だったらどちらを採用するでしょうか？

できること・できないことを整理する

子育て中のあなたは、育児や家事をいかに効率的にやればいいか、何を優先すればいいかを身につけてきたはず。日々生活するなかで培ってきた労働生産性をアピールしないのはもったいないと言えます。

まずはできること・できないことを整理することから始めましょう。

できないことは誰がおぎなってくれるのか家族、保育園、自治体なのか――。そういったところも事前に整理することで、採用担当者はあなたが問題解決力のある人だと理解します。

そのうえで、あなたがこれまで経験してきた仕事の内容や取り組んできた姿勢などをアピールするのです。

自分の問題は自分で解決するが、それでもできないところは誰かに助けてもらう。その線引きをきちんとできる人が選ばれるのです。

ここがポイント！

- あなたの「強み」である労働生産性ををアピールしよう。
- 自分が、できること・できないことを明確に整理しよう。

●できること・できないことを整理するワークシート

できること	もっと効率よくするために 人・モノ・しくみに頼れること
できないこと	**できるようにするために 人・モノ・しくみに頼れること**

自分らしい働き方を整理しよう

育児は思いのほか重労働です。妊娠や出産だけでも体に大きな負荷がかかります。また、産後うつという言葉もあるように、精神的にも大きな負担がかかってくる場合もあります。

家事に加えて初めての育児ともなると、これはもう休暇だなんて言っていられません。

育児は長期戦です。自分らしい育児、自分らしい働き方について、次ページのワークシートで整理してみましょう。

サポーターを見つけよう

労働生産性をアップするとはいえ、あれもこれもあなたがひとりで抱えこんでしまっては、せっかくの子育ても楽しめません。労働生産性をアップするどころか大幅にダウンしてしまいます。

そのためにも、あなたを支えてくれるサポーターを見つけましょう。子育てはひとりでは絶対にできません。周囲を巻き込みながら、子育てを通じて自分も周りも子どもとともに成長する、そんな輪が広がるといいですね。

●自分らしい働き方を整理するためのワークシート

わたしにとって「働く」とは？	
どんな働き方がしたい？	
どんな子育てをする？	
どんな自分でありたい？	
いつから働く？	
そのために必要なことは？	
何を優先する？	
何ができる？	
何ができない？	

書類選考で落とされない
履歴書の書き方

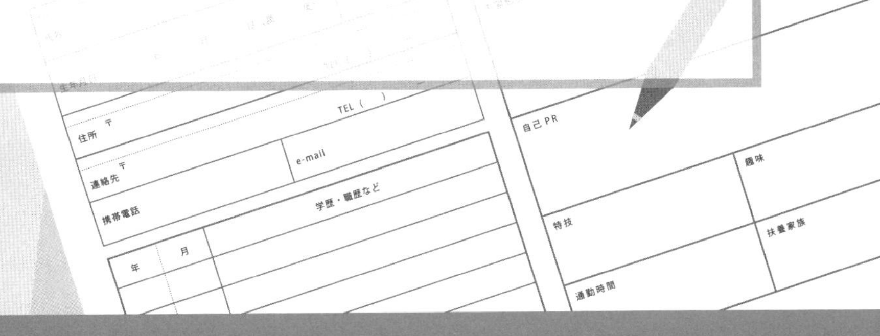

4-1 履歴書用紙の選び方と書き方の基本

履歴書用紙をどれにするか迷ったら「JIS規格」

大手文具店に行くと、さまざまな形式の履歴書用紙が販売されています。「何を書くのか」を買う前に整理しておかないと、ここでつまずいてしまいます。

もし、どれにするか迷ったら「JIS規格」A4サイズの履歴書用紙を購入しましょう。この用紙で書くのは①基本情報、②学歴・職歴、③資格や免許、④志望動機、が主な項目です。シンプルな分、職歴の行数が多いので、転職回数が多い人は書きやすいでしょう（フォーマットは8ページ）。

一方、未成年者の場合は、見開き右下に「保護者欄」がある履歴書用紙を使用しましょう。

履歴書用紙をパソコンで印刷してもいいの？

最近は、WordやExcelで作成した履歴書用紙のフォーマットを簡単にダウンロードできるようになりました。このフォーマットにパソコンで入力すると、毎回書かなくてもいいので便利です。

では、採用担当者は印刷した履歴書をどうとらえるのでしょうか。一概には言えませんが、まだまだ日本は手書きを良しとする風潮がありますので、基本は手書きが無難でしょう。**筆跡には書き手の心情や性格があらわれます。字がきれいかどうかはそれほど問題ではありません。ていねいに書いているかどうかが問われます。**「読みやすく書いているか」「丁寧に扱っているか」――この2点は、履歴書全体から伝わってきます。とくに、事務系の仕事に応募する場合は、手書きの履歴書を送付しましょう。

一方、IT関連業界では、パソコンを扱うのが当然ですので、パソコンで印刷したものでも差し支えありません。その代わり、誤変換には十分注意しましょう。印刷したあとは必ずチェックを行いましょう。

ボールペンの選び方

履歴書は黒色のボールペンで書きます。書いた文字を消せるボールペン、万年筆、鉛筆では書きません。ただし、鉛筆で下書きをするのはOKです。黒色のボールペンですが、質の良いものを選びましょう。質が悪いボールペンだと、インクがだぶついたり、かすれたりしてきれいな文字が書けないからです。にぎりやすいグリップを吟味することも大切ですね。

ボールペンの芯の太さは、0.5mmがおすすめです。0.38mmだと文字の線が細く鋭角的な印象になってしまいます。また、全体的にインパクトが薄くなります。0.7mmは書きやすいのですが、細かく書くには限度があります。

ボールペンはインクですので、乾くまで少し時間を要します。鉛筆の下書きを消す場合は、ボールペンの文字がしっかりと乾いたのを確かめてから消しましょう。また、左手で書く人は、書いた後に文字がにじまないよう、手と履歴書用紙の間に紙をはさみながら書き進めましょう。

採用担当者が最初に目にするのが、履歴書です。少しでもきれいに書くために、書くときに気分が上がるような“勝負ボールペン”を一本用意しておくのもいいですね。

4-2 住所・氏名はていねいに、写真にも気をつかう

履歴書の「日付」は投函日

履歴書に記入する日付は、投函日を書きます。明日投函するのなら、明日の日付を書きます。履歴書はすべて和暦で統一するのがマナーです。

自分の「名前」は堂々と書く

自分の名前を書くとき、とても緊張しますよね。履歴書の顔になりますから、ここは堂々と大きく書きましょう。行の中央に、たっぷりと余裕をもって書きましょう。なお、氏名は正式なものを書くのが原則。「渡邊」「渡邉」を「渡辺」と書いたり、「斎藤」「齋藤」を「斉藤」と新字体で書くのではなく、あくまでも正式な氏名を書きます。ふりがなは、漢字の上にそろえて書きます。「ふりがな」とある場合はひらがなで書き、「フリガナ」ならカタカナで書きます。

「生年月日」も和暦で書く

生年月日は和暦で書きます。現在の年齢を「満～歳」の欄に記入しましょう。

「性別」にはていねいなマルをつけよう

たかがマル、されどマルです。些細なところが見られています。小さなマルですが、ていねいに書きましょう。

最近、トランスジェンダーの方からも相談をよく受けます。性別の、どちらにマルをつけるか悩んでしまうというのです。マルをつけない

と書類としては不備になってしまいます。話を聴いてくれる担当者もいますので、書類を作成する前に応募先の担当者に電話で確認してみましょう。そこで反応が悪い場合は提出しないという選択もありです。いずれにせよ、避けて通れない部分なのであれば、はっきりと担当者に電話で確認したほうがすっきりします。

「住所」は都道府県から書く

郵便番号も必ず書きます。住所は住民票のとおりに書きましょう。都道府県から書き、番地などは－（ハイフン）ではなく漢字で書きます。電話番号は、携帯電話番号だけでなく、自宅に電話があればそれも書きましょう。

住所欄の下に連絡先欄があります。こちらは住所以外の緊急連絡先を記入するものです。現住所と同じであれば、「同上」と書きましょう。間違っても「〃」としないように。これは省略文字ですので、履歴書では使用しません。

また、携帯電話やメールアドレスを記入する欄が履歴書になければ、この連絡先欄に記入するとよいでしょう。

●履歴書の「氏名」欄などの書き方

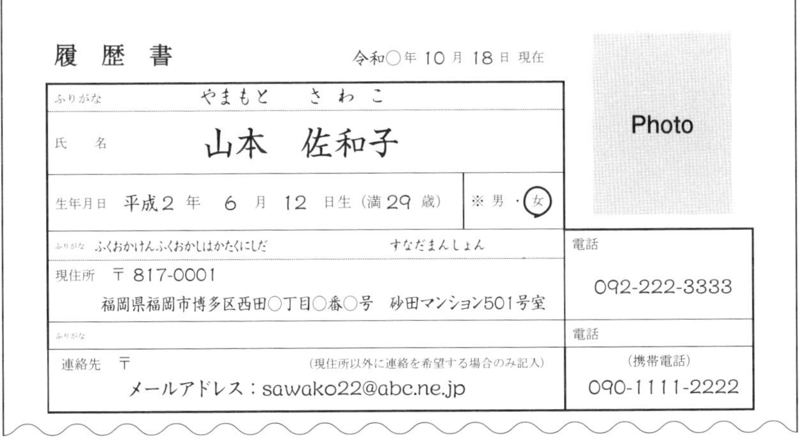

履　歴　書　　令和○年 10 月 18 日 現在

ふりがな　やまもと　さわこ
氏　名　山本　佐和子
生年月日　平成2 年　6 月　12 日生（満29 歳）　※ 男 ・ 女
ふりがな　ふくおかけんふくおかしはかたくにしだ　すなだまんしょん
現住所　〒 817-0001
福岡県福岡市博多区西田○丁目○番○号　砂田マンション501号室
電話　092-222-3333
ふりがな
連絡先　〒　（現住所以外に連絡を希望する場合のみ記入）
メールアドレス：sawako22@abc.ne.jp
電話　（携帯電話）　090-1111-2222

※厚生労働省の様式例をもとにした履歴書では「性別」欄を任意記載としているケースもあります。

「写真」はとても重要

履歴書・職務経歴書はさまざまな要素で構成されています。その中でも写真はとても重要です。たとえば「几帳面な性格です」と書いていても、身だしなみに気をつかっていない写真を貼っていたとしたら、どうでしょうか？

履歴書・職務経歴書の最大の目的は、採用担当者に「会ってみたい」と思わせること。そのためにも、採用担当者が期待するような、あなたらしさが表われている写真を貼りましょう。

採用担当者は、あなたの写真からどんなことを知りたいと思っているでしょうか？　ずばり、あなたの写真から「清潔感」「誠実さ」「人柄」といった人間性を知ろうとします。そのためにも、写真はとても重要です。しっかりと時間とお金をかけて撮りましょう。

履歴書に貼る写真は、写真館でプロのカメラマンに撮ってもらうのがおすすめです。なぜなら、カメラマンは印象の良い写真を撮るのが仕事だからです。「印象が良い」かどうかは、自分ではよくわかりません。鏡を見ながら「印象の良い」顔を作ったとしても、いざ写真を撮るときにその表情ができているとは限らないからです。良い写真はプロのカメラマンに撮ってもらうのが一番です。

なお、写真はカラーのものを使用します。

どうしても写真館で撮るのがむずかしく、証明写真機を使わざるを得ないという場合は、顔のすぐ下に白い布やアルミホイルを置くなど、レフ版効果を利用して表情を生き生きとさせましょう。スナップ写真の一部を切り取って貼ったり、スマホのアプリで加工した写真はNGです。

写真を貼る際は、事前に写真の裏側に自分の名前を書いておきましょう。万が一履歴書からはがれたときのためです。糊もしくは両面テープでまっすぐに貼りましょう。

● 写真の注意点：男性の場合

顔：無精ひげは剃りましょう。

髪型：きちんとした感じを出しましょう。金髪ヘアや個性的なヘアスタイルはNGです。

表情：前を向き、きりっとした印象を保ちましょう。

服装：スーツが基本ですが、清潔感のある服装、襟のついたシャツもよいでしょう。仕事の内容とは関係ありません。

● 写真の注意点：女性の場合

顔：薄く化粧をし、メリハリのある表情に仕上げましょう。

髪型：前髪は眉や目にかからないこと。額が見えたほうが知的にみえます。ロングヘアの人は、ハーフアップのスタイルがおすすめです。

表情：表情は柔らかく微笑むような表情がいいですね。

服装：男性と同様に、スーツが基本です。その際、ブラウスやシャツは白など薄い色を選び、ジャケットは黒や紺が無難です。アクセサリーはつけません。

最後に、写真の使い回しは絶対にやめましょう。使い回しかどうか、採用担当者にはすぐにわかってしまいます。

4-3

学歴は臨機応変に書く

「学歴」をどのように見せるか

いよいよ、重要な「学歴・職歴」の部分ですが、まずは1行目に「学歴」と記入します。行の中央に寄せ、「学」と「歴」の間は1cmほど空けて記入しましょう。続いて、2行目の書き始めですが、日付を記入する罫線から5mmほど余白をとって記入するととてもきれいに見えます。

学歴をどこからどこまで書くかですが、職歴をどれくらい書くかによって違ってきます。一般的には「中学校卒業から」書きます。ただ、一律そうしてしまうと、転職回数が多い場合、職歴が書ききれません。そのため、職歴の部分で何行必要かを計算してから、学歴の行数を決めるようにします。いずれにしても、学歴は2行から6行くらいでおさめるのが見映えの良い履歴書といえます。

採用担当者が知りたいのは、最終学歴がどこかと、卒業か中退かということ。ここの事実を正確に書きましょう。

学校名は正式名称を書く

学校名は、正式名称を書きます。○○県立、○○市立をつけ、高校は高等学校と略さずに書きましょう。高校や大学は、所属の学部や学科まで記入します。途中で所属が変わった場合は、その旨を必ず書きましょう。

また、「入学」や「卒業」は、学校名から一文字分スペースを空けて記入します。学校を中退した場合は「中退」と記しましょう。

「学歴」の書き方

❶ 2行で納めたい場合

職歴の行数が多い人におすすめです。学歴は、最終学歴をしっかり書きこみます。

年	月	学 歴 職 歴
		学　歴
令和○	4	□□大学　経済学部経済学科　入学
令和○	3	□□大学　経済学部経済学科　卒業

あるいは

年	月	学 歴・職 歴
		学　歴
令和○	3	福岡市立□□高等学校　普通科　卒業
令和○	3	□□大学　経済学部経済学科　卒業

❷ 4～5行で納めたい場合

職歴の行数が少ない場合は、以下のような記入が一般的です。

年	月	学 歴・職 歴
		学　歴
令和○	4	広島県立□□高等学校　入学
令和○	3	広島県立□□高等学校　卒業
令和○	4	□□大学　経済学部経済学科　入学
令和○	3	□□大学　経済学部経済学科　卒業

あるいは

年	月	学 歴・職 歴
		学　歴
令和○	4	広島県立□□高等学校　入学
令和○	3	広島県立□□高等学校　卒業
令和○	4	□□大学　経済学部経済学科　入学
		3年次に海外ボランティア参加のため1年間休学
令和○	3	□□大学　経済学部経済学科　卒業

職歴は簡潔に整理する

「職歴」は、これまでの所属を簡潔に

いよいよ「職歴」です。職歴は仕事の経歴を書くのですが、履歴書にはどこに所属したかを書きます。詳細な仕事の内容（どんな業務に従事したか）は職務経歴書に詳しく書きます。

学歴を記入したあと、1行空けて「職歴」と記入します。行数が足りないという場合は、行をあけなくてもかまいません。「職歴」は「学歴」と同様に、「職」と「歴」の間を1cmぐらい空け、行の中央に記入します。

年	月	学 歴・職 歴
		学 歴
令和○	4	□□大学 経済学部経済学科 入学
令和○	3	□□大学 経済学部経済学科 卒業
		← 1行あける
		職 歴
令和○	4	株式会社□□商事 入社

「入社」と「退社」のセットで書く

一般的には、会社に入社したら「□□株式会社 入社」と書き、次の行には「□□株式会社 退社」と書きます。このとき、所属部署なども具体的に書いてOKです。1社につき2行を使って、入社期日と退社期日を記入します。

		職　歴
令和○	4	□□商事株式会社　総務部　入社
令和○	12	□□商事株式会社　総務部　退社

退職理由をコンパクトに書く

「退職理由は書かないほうがよい」と前述しましたが、それだと気が引けるという場合は、以下のような書き方がおすすめです。

- 自分の都合で辞めた場合　→　「一身上の都合により退職」
- 倒産など会社の事情により辞めざるをえなかった場合
  →　「会社都合により退職」
- 契約が終了した場合　→　「契約満了により退職」

この場合の「退社」あるいは「退職」という言葉ですが、どちらを使用してもかまいません。ただし、退社と退職がひとつの書類で混在するのは避けましょう。

令和○	4	□□商事株式会社　総務部　入社
令和○	12	□□商事株式会社　総務部　一身上の都合により退職
令和○	2	□□株式会社　人事部　入社
令和○	3	□□株式会社　人事部　会社都合により退職

1社しか経験がない場合

1社しか経験がない場合、これまでの法則だと2行で終わってしまいます。パッと見て余白が多すぎると、たいした職歴がないように思われるかも、と不安になるかもしれません。そのような場合は、仕事の内容についても簡潔に記入しましょう。

令和○	4	□□商事株式会社　総務部　入社
		環境改善のリサーチ、省エネ対策委員として業務改善に関わる
		常に問題意識を持ちながら、生産性の向上に努めた
令和○	12	□□商事株式会社　総務部　一身上の都合により退職

同じ会社で部署を移った場合

記入する行数に余裕があり、同じ会社で別の部署への異動があった場合には、入退社だけでなく、異動についても記入します。その際は、異動日も記入します。

令和○	4	□□商事株式会社　総務部　入社
		環境改善のリサーチ、省エネ対策委員として業務改善に関わる
令和○	4	総務部から経営企画部に異動
令和○	12	□□商事株式会社　経営企画部　一身上の都合により退職

派遣先が多くて書ききれない場合

派遣勤務の場合、短期で何度も派遣先が変わるというケースも多いでしょう。このような場合、上記のような形式で書くと、派遣先の会社１社で２行を使用してしまい、あっという間に履歴書はいっぱいになって書けなくなってしまいます。そのため、派遣会社に登録したという事実のみを履歴書に記入し、派遣先で携わった業務の詳細は職務経歴書に記入します。

「えっ、それでいいの？」と不安になる人もいるかもしれませんが、履歴書には勤務先をすべて書かなければならないわけではありません。確かに、これまで勤務した企業をすべて記入できればよいのですが、限られた行数でおさめるには限界があります。そのため、行数が足りない場合は、派遣会社に登録したことのみを記入しましょう。

● すべての派遣先企業を書いた場合

令和○	○	□□産業株式会社（○○派遣株式会社より派遣）　入社
令和○	○	□□産業株式会社　契約満了につき退職
令和○	○	□□商事株式会社（△△派遣株式会社より派遣）　入社
令和○	○	□□商事株式会社　契約満了につき退職
令和○	○	□□株式会社（○○派遣株式会社より派遣）　入社
令和○	○	□□株式会社　契約満了につき退職
令和○	○	有限会社□□（○○派遣株式会社より派遣）　入社
令和○	○	有限会社□□　契約満了につき退職
令和○	○	株式会社□□（△△派遣株式会社より派遣）　入社
令和○	○	株式会社□□　契約満了につき退職
		現在に至る

● 派遣登録先だけを書いた場合

令和○	○	○○派遣株式会社に登録
		ITソリューション、ネット管理業務、データ入力、webサイト更新
令和○	○	△△派遣株式会社に登録
		ネットワーク管理、顧客データ管理業務、データ入力、Eコマース
		現在に至る

短期間で繰り返し転職をした場合

アルバイト、契約社員といった雇用形態で、短期間の勤務を繰り返した場合、そのままの職歴を書くと「すぐに辞めてしまうと思われるんじゃないか？」と不安になるかもしれません。あるいは、週１回の勤務を３か月続けた仕事の場合、３か月だけ勤務したことを書くのを躊躇してしまうという人もいるかもしれません。

経験した職業をすべて書くのが基本ですが、書くものと書かないものを決めることで、履歴書の行数内におさまると同時に、これまでの経験を整理できます。

ただし、履歴書に書いていないと、その期間「仕事をしていない」と採用担当者はとらえるかもしれません。また、その間に何をしていたのか面接の際に聞かれることでしょう。以下に、「なぜ書いていないのですか？」と面接官に聞かれたときに、どんなふうに言えば納得感のある回答になるかの例も記載しておきます。

●履歴書に書いていない仕事についての面接時の回答例

書いていない仕事	面接官に聞かれた時の回答
3か月未満の短期の仕事	試用期間での勤務だったのでとくに書きませんでした。
単発の仕事	単発の仕事でしたので、登録派遣会社名のみ書いています。
週1回・短時間の仕事	勤務はしておりましたが、勤務時間が短いので書いていません。
経験というほどでもない仕事	勤務はしておりましたが、今回の応募とはとくに関係がないので省いております。
正社員以外	正社員勤務以外はとくに記入はしていません。
アルバイト	アルバイトについては、とくに記入はしておりません。

勤務先の会社名が変わった場合

あなたが在籍中に会社の名前が変わる場合があります。この場合は以下のように書きましょう。

令和○	4	□□商事株式会社　　入社
令和○	12	△△商事株式会社（旧　□□商事株式会社）　退社

4-5

資格は取捨選択を考える

「資格」は正式名称を書く

「免許・資格」には、これまで取得した資格などを記入します。取得した年月と資格や免許の名称を、取得した年月日順に記入しましょう。ここで気をつけたいのは、資格や免許は正式名称を書くということです。以下にその一部を例示しましたが、その他の資格や免許についても、インターネットなどで正式名称を確認してから記入をしましょう。

●資格の正式名称の例

自動車免許	普通自動車第一種免許
簿記検定	日本商工会議所簿記検定
秘書検定	秘書技能検定
MOS	Microsoft Office Specialist
英検	実用英語技能検定
宅建	宅地建物取引士

書いたほうがよい資格

前述したように、取得した資格だからといって何でも書けばよいというわけではありません（第２章33ページ）。応募先において必要と思われる資格を優先して書きましょう。また、同じ資格でも上位資格を持っている場合は、上位資格のみを書きます。

ただし、応募先企業や職種にまったく関係のない資格を書くことも、プラスになる場合があります。たとえば事務職で応募する際に、パソコンの資格や簿記の資格に加えて、「ドローンの認定資格」や「一級船舶の資格」が書いてあったらどうでしょう？　採用担当者も人間ですから「おもしろそうだな。会ってみようかな」と思ってくれるかもしれません。

履歴書・職務経歴書は、面接官に会うためのツールですから、めずらしい資格、ユニークな資格を書くのも案外効果的です。

● 「書いたほうがよい資格」とは

- 応募先企業や職種に役立つと思われる資格
- 同じ資格で上位の資格
- 合格率の低い難関資格
- ここ10年以内に取得した資格
- ユニークな資格

「勉強中」は書いてもいい？

応募先企業や職種に必要だと思われる資格について、まだ取得はしていないが勉強中であるという場合、これも立派なアピールになります。そのため、「○○取得に向けて 勉強中」と書くのはOKです。

ただし、本当に勉強をしているのであれば問題はないのですが、バレないと思って嘘を書くのはダメです。採用担当者は一発であなたのウソを見破ります。また、受験の結果待ちの場合は「○○資格　結果待ち」と書いておきましょう。

「書けるほどの資格は持っていない」という人は、正直に「特になし」と記入します。虚偽の記載だけは絶対にやめましょう。

書かないほうがよい資格

では、今度は「書かないほうがよい資格」について考えてみましょう。

私たちは頑張って取得した資格だから、ついすべての資格を書こうと思ってしまいがちです。その資格を取得するために、大切な時間とお金と労力を費やしたのですから、そう思うのも無理はありません。

ですが、それが逆効果になることもあります。資格の記入欄は、あなたが頑張ってその資格を取得したことをアピールする欄です。一方で、本当にその資格は価値があるかを理解しているかどうかも見極められます。

たとえば、応募した仕事に関係がない資格で、ほぼ全員が合格するような簡単な資格を書いたところで、面接官は「よく頑張ったな」とは思ってくれません。むしろ「資格の価値を理解できているのかな」と思われかねないのです。また、社会人歴が長いのに、何十年も前の高校時代に取得した資格を書いたところで、採用担当者はどう思うでしょうか。

応募先企業や職種に関連性がない限り、取得からせいぜい10年以内の資格に限定するようにしましょう。

●書かないほうがよい資格の条件

- 応募先企業や職種に関係のない資格
- 合格率の高い資格
- 何十年も前に取得した資格
- とくにめずらしくもユニークでもない資格

〈「免許・資格」の書き方〉

年	月	免許・資格
令和〇	〇	普通自動車第一種免許　取得
令和〇	〇	日本商工会議所簿記検定試験　２級　取得
令和〇	〇	ビジネス実務マナー検定　２級　取得
令和〇	〇	日商簿記検定　１級　取得に向けて勉強中
令和〇	〇	MOS（マイクロソフトオフィススペシャリスト）　結果待ち

●応募先企業や職種に役に立つと思われる資格の例

事務職関連	MOS（マイクロソフトオフィススペシャリスト）、日商簿記、ビジネス文書検定
マナー関連	秘書技能検定、ビジネス実務マナー検定、サービス接遇検定、日本語検定、ビジネス電話検定
IT関連	ITパスポート、基本情報技術者試験、応用情報技術者試験、ネットワークスペシャリスト
Web関連	Webクリエイター能力認定試験、イラストレータークリエイター能力認定試験、HTML5プロフェッショナル認定試験
建築関連	建築士、建築施工管理建築士、建築CAD、宅地建物取引士、土木施工管理技士
電気関連	電気主任技術者、電気工事士、電気工事施工管理技士、太陽光発電施行者、消防設備士
インテリア系	インテリアコーディネーター、福祉住環境コーディネーター、インテリアデザイナー
医療・介護関連	医療事務、調剤事務、理学療法士、歯科技工士、作業療法士、言語聴覚士、介護職員初任者研修、介護事務、介護福祉士、ケアマネージャー

※実際に履歴書に書くときは正式名称を書きます。

4-6 志望動機は四段論法（経験⇒成果⇒能力⇒どう活かすか）で書く

「志望動機」は応募先に役立つポイントを書く

履歴書で一番書きづらいのが志望動機です。一方、採用担当者が一番気になるのも志望動機です。そんな「志望動機」欄には、いったい何を書けばよいのでしょうか？

志望動機は「あなたを採用すると会社にどんないいことが起こるのか」を書くようにします。ですから「（私が）経験を積みたいから」といった、会社ではなく自分に役立てるためというような内容はやめましょう。

また、具体的でない志望動機も採用担当者には響きません。たとえば「これまでの事務の経験を活かしたいと思い、応募しました」では、どんな経験が活かせるのか伝わりません。

〈「志望動機」の文例：40代営業職の場合〉

私は20年間、医療機器の販路拡大のため、地方都市への営業を行ってきました。なかでも医療過疎地の医者不足を解消するために、コストパフォーマンスの良い機器を提供してきました。医療の現場、とくに過疎地での患者の要望に応えたいといった想いは、誰にも負けない強いものがあります。そんな私の強みを活かし、とくに注力すべき地方での営業に全力を尽くしたいと思い、応募いたしました。

〈「志望動機」の文例：20代人事業務担当の場合〉

私は、５年間にわたり、人事部で採用、人事配置、研修などの仕事に携わってきました。常に、従業員が最大の成果を出せるように、相手の心情を大切にしながら仕事に取り組んできました。従業員一人ひとりの懐に飛び込み、人間関係を円滑にする関わり力は私のもっとも得意とするところです。このような経験を活かし、信頼関係を大切にしながら、従業員全員が働きやすい雰囲気になるよう関わりたいと思い、応募いたしました。

志望動機を四段論法でまとめるワークシート

志望動機は、これまでの「経験」「成果」、あなたの「能力」、応募先企業で「どう活かすか」という四段論法で考えていくと、書きやすいと思います。

次ページに、４つの問いに順番に答えるだけで、効果的な志望動機が書けるワークシートをご用意いたしました。まずは、このワークシートに沿って書いてみましょう。

●志望動機を書くためのワークシート

❶どんな経験をしてきたのか

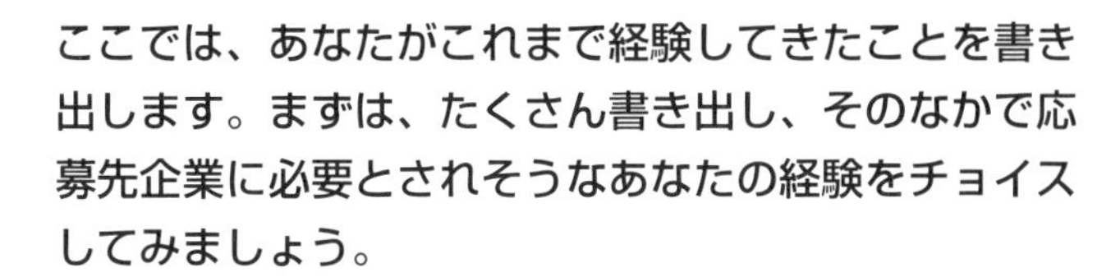

ここでは、あなたがこれまで経験してきたことを書き出します。まずは、たくさん書き出し、そのなかで応募先企業に必要とされそうなあなたの経験をチョイスしてみましょう。

例：「私はこれまで10年以上にわたり一貫して経理の仕事に携わってきました」

❷どんな成果が出たか

その経験が、具体的にどんな成果をもたらしたのかを書いてみましょう。ここでいう成果は、具体的な業績のほか、人間関係やトラブルへの対処など、どんな小さな成果でもかまいません。

例：「主に月次決算や期末決算、年末調整といった経理の要の仕事を行いました。業務がスムーズに行われるよう、締め切りを早めに伝え、予定通りに遂行してきました」

（次ページに続く）

❸あなたの能力（強み）は何か

①と②から、自分はどのような能力や強みをもっているかをアピールします。自分だけの強みや能力をひと言で言い切る覚悟が必要です。この一行があなたの強みを際立たせ、印象づけることになるのです。

例：「数字に対する感覚と、締め切りまでに業務を遂行する能力は、私の強みと言えます」

❹その強みをどう活かせるか

その強みを、応募先企業でどう活かすかを書きます。ただ強みを書いただけでは、押しの足りない文章になってしまいます。採用担当者に「あっ、そんなふうに活かせるんだ」と気づいてもらえる文章が効果的です。ただし、会社の内情を知らない立場で書くので、自分の価値観に固執した内容は避けましょう。

例：「そんな私の強みを活かし、貴社の経理業務をスムーズに遂行することで貴社に貢献したいと思い、応募いたしました」

4-7
「趣味・特技」は仕事に結びつける

仕事に活かせること、こだわりを書く

JIS規格の履歴書には「趣味・特技」の欄がありませんが、履歴書によっては「趣味・特技」欄があるものもあります。

ここを上手に書くことで、採用担当者に「会ってみたい」と思わせる効果があります。

趣味や特技は基本的には仕事に直接関係するわけではないので、ただ漠然と書いても意味がありません。採用担当者に興味を持ってもらえる趣味や特技を書くようにしましょう。

「読書」「映画鑑賞」「音楽鑑賞」「スポーツ」「料理」「おいしいものを食べること」……。もし、これらが仕事に活かせるのなら、その説明を具体的に書くようにします。

具体的に書くこと、こだわりを添えることで、その趣味や特技は輝いてくるのです。

次ページに、「趣味・特技」欄の効果的な書き方の例を掲載しましたので、参考にしてください。

●「趣味・特技」の書き方の例

・読書 → 読書（主に推理小説）：推理を働かせることで脳の活性化に役立っています。月に10冊は読んでいます。

推理することが好きだと、さりげなくアピールしている

・水泳 → 週2回、2kmほどのスイミング。体力増進とストレス解消に役立っています。

心身ともに健康であることをアピールしている

・料理 → エスニック料理が得意。めずらしい香辛料を収集。アジアの文化にも興味があります。

めずらしい着眼点や研究熱心さが伝わる

・映画 → とくに○○監督の作品を中心に週１回以上鑑賞。色へのこだわりが好きです。

こだわりを伝えることで、何を大切にしているかがわかる

・登山 → 九州各地の山を中心に月１～２回の登山。毎回４～５人の仲間で登っています。

仕事以外のネットワークを持っていることが伝わる

4-8

「通勤時間」は最短を書く

妥当な交通手段を利用した場合の時間

志望動機の右横にある「通勤時間」については、自宅から職場までの通勤経路のうち、最短距離を書きます。また、乗り物で移動する場合は、一般的にみて妥当なもので移動します。タクシーは一般的ではありません。新幹線での移動も距離によっては嫌がられます。交通費は会社負担になりますので、なるべく負担の少ない移動手段を書きましょう。

家から職場まで、どの交通手段を使ってどれくらい時間がかかるのか、おおよその時間を記入します。

● 「通勤時間」の書き方

徒歩の場合	徒歩にて　約20分
電車とバス使用の場合	電車、バス使用にて　約45分
勤務地が複数ある場合	○○店勤務の場合　バス使用で　約15分

※厚生労働省の様式例をもとにした履歴書では「通勤時間」欄を設けていないケースもあります。

4-9 「扶養家族」は正直に正確に書く

「扶養家族」は要件に気をつけて正確に

「扶養家族（配偶者を除く）」欄は、あなたが扶養している、養っている家族の人数を書きます。ただし、配偶者（夫や妻のこと）は数には入れません。通常は働いていない子どもが多いですが、働いていない親を養っている場合は、扶養家族に入ります。同居しているのと扶養しているのとは違いますので、気をつけましょう。

「扶養されている家族（被扶養者）」とは、具体的には、あなたの収入で生計を維持されている親族で「対象者の収入が年130万未満であること（60歳以上の場合は180万未満）」などの要件を満たす人です。

ここは採用に直接関わる箇所ではありませんが、採用された後に事実と違えば印象は悪くなります。この部分は、家族手当などに反映される場合もありますので、正確に書くように気をつけてください。

●「扶養家族（配偶者を除く）」の書き方

夫と妻、子2人（収入なし）の場合	扶養家族　2
夫と妻、子（収入500万）の場合	扶養家族　0
夫と妻、夫の母（同居・収入なし）の場合	扶養家族　1

次に「配偶者」の有無ですが、配偶者（夫や妻）がいる場合は「有」にマルをつけます。内縁の夫婦の場合は、「無」にマルをつけましょう。

最後に配偶者の扶養義務の有無にマルをつけます。配偶者を養っている場合はマルをつけましょう。

※厚生労働省の様式例をもとにした履歴書では「扶養家族」欄を設けていないケースもあります。

4-10 「本人希望」欄は必要なことを、シンプルに書く

一方的な希望を書く欄ではない

「本人希望記入欄」は、履歴書の最終欄です。とくに何もなければ「貴社の規定に従います」と書きます。以下のような点について、希望があれば書いておくとよいでしょう。

- 同じ会社で複数応募職種がある場合、希望職種を書く
- 面接日程など連絡をもらう際の希望の時間を書く

本人希望欄とあるので、つい「自分の希望を書いていいの？」と思いがちですが、ここで書いてよいのは上記のような内容で、以下については書かない、が鉄則です。

- 希望の勤務地や希望の就業時間
- 希望の給料や待遇
- 勤務開始の希望日
- 働くうえでの配慮してほしい条件

これらの内容は、面接に進んだときに採用担当者と直接会って話をすればよいのです。会ってもみないうちから自分の希望する条件ばかりを書いてしまうと、採用担当者の印象は悪くなります。履歴書は採用担当者に「会ってみたい」と思わせるもの。そのためにも、自分の希望を一方的に書き込むものではないということを、しっかりと肝に銘じておきましょう。

＜ケース＞ 社会人経験が短い場合

履　歴　書　　　令和元 年10月18日 現在

Photo

ふりがな　やまもと　さわこ		
氏　名　山本　佐和子		
生年月日　平成5 年 6 月 12 日生（満 26 歳）	※ 男 ・(女)	
ふりがな　ふくおかけんふくおかしはかたくにしだ　すなだまんしょん		電話
現住所　〒817-0001 福岡県福岡市博多区西田四丁目三番八号　砂田マンション501号室		092-222-3333
ふりがな		電話
連絡先　〒　（現住所以外に連絡を希望する場合のみ記入） メールアドレス：sawako22@abc.ne.jp		（携帯電話） 090-1111-2222

年	月	学歴・職歴（項目別にまとめて記入）
		学　歴
平成21	4	福岡市立天神高等学校　入学
平成23	3	福岡市立天神高等学校　卒業
平成23	4	日本工芸大学　経済学部　入学
平成27	3	日本工芸大学　経済学部　卒業
		職　歴
平成27	4	青山プロダクション株式会社　入社
		人材開発部にて　採用・研修事業を担当
平成30	6	人事開発リーダーに昇格
平成31	3	青山プロダクション株式会社　会社都合により退職
		現在に至る

年	月	学 歴 ・ 職 歴 （項目別にまとめて記入）

年	月	免 許 ・ 資 格
平成25	9	普通自動車第一種免許　取得
平成25	12	ビジネス実務マナー検定　1級
平成28	1	TOEIC公開テスト　スコア550点

志望の動機、

私はこれまで、メディア業界の企業で、人材開発ならびに育成の仕事に携わってきました。そのなかで、従業員ひとりひとりの強みを引き出し、その能力を最大限組織のなかで活かせるよう取り組んできました。その強みを活かし、よりグローバルな視点での人材育成の仕事に携わりたいと思い、貴社の求人に応募いたしました。さまざまな国の従業員の方々の強みを引き出し、組織に貢献できるよう取り組んでいきたいと思います。

通勤時間　バス　約　時間　35　分

扶養家族（配偶者を除く）　0　人

配偶者　※ 有 ・ (無)

配偶者の扶養義務　※ 有 ・ (無)

本人希望記入欄（特に給料・職種・勤務時間・勤務地・その他についての希望などがあれば記入

貴社の規定に従います。

※厚生労働省の様式例をもとにした履歴書では「性別」欄は任意記載とし、「通勤時間」「扶養家族」「配偶者」「配偶者の扶養義務」欄を設けていないケースもあります。

＜ケース2＞ 社会人経験が長い場合

履 歴 書　　令和元 年10月 18日 現在

Photo

ふりがな	たなか　としひこ	
氏　名	田中　俊彦	
生年月日	昭和48 年 12 月 1 日生（満 46 歳）	※男・女
ふりがな	ふくおかけんふくおかしちゅうおうくつつみ　あーつまんしょん	電話
現住所	〒817-0001 福岡県福岡市中央区堤一丁目一番十二号　アーツマンション101号室	092-222-3333
ふりがな		電話
連絡先	〒　（現住所以外に連絡を希望する場合のみ記入） メールアドレス：toshi1201@abc.ne.jp	（携帯電話） 090-1111-2222

年	月	学　歴 ・ 職　歴　（項目別にまとめて記入）
		学　歴
平成1	3	福岡市立大名中学校　卒業
平成1	4	広島県立里中高等学校　入学
平成4	3	広島県立里中高等学校　卒業
		職　歴
平成4	4	飯田メンテナンス株式会社　入社
		汎用コンピュータのメンテナンス
平成7	12	飯田メンテナンス株式会社　一身上の都合により退職
平成8	4	ビジネスアソシエーション株式会社　入社
		主に自治体におけるコンピュータの設置および保守点検
平成16		販売推進部　課長に昇進
平成18	9	ビジネスアソシエーション株式会社　会社都合により退職
平成19	2	社会福祉法人まつかぜ会　施設長として勤務
		介護施設の運営全般と手続き関係を担当
平成28	5	社会福祉法人まつかぜ会　一身上の都合により退職

年	月	学　歴　・　職　歴　（項目別にまとめて記入）
平成28	12	介護施設　平山ウェルネスグラント　赤坂店　入社
		介護業務およびスタッフの指導育成を担当
平成31	1	坂元店にフロア店長として異動
令和1	7	介護施設　平山ウェルネスグラント　坂元店　閉鎖により退職
		現在に至る

年	月	免　許　・　資　格
平成5	12	普通自動車第一種免許　取得
平成25	1	国家資格　介護福祉士　取得
平成30	3	ケアマネージャー（介護支援専門員）取得

志望の動機、	通勤時間	
私は、高校卒業後コンピュータのメンテナンスに関わる仕事をしておりました。父親の介護をきっかけに、介護事業に興味を持つようになり、これまで10年以上たくさんの利用者様とその家族に関わってきました。そのなかで家族が笑顔で語りあえる時間を持ってほしい、人生を豊かに過ごしてほしいと願いながら、身の回りのお世話や介助業務、とりまとめ役も担ってまいりました。貴社のご利用者様が「ここでお世話になってよかった」と思っていただけるよう、真心をこめて接していきたいと思っております。普段から体力も鍛えており、明るくて楽しいとよく言われます。ぜひ、貴社に貢献できればと願っております。	電車 約　時間　50　分	
	扶養家族（配偶者を除く） 2　人	
	配偶者 ※（有）・無	配偶者の扶養義務 ※（有）・無

本人希望記入欄（特に給料・職種・勤務時間・勤務地・その他についての希望などがあれば記入
貴社の規定に従います。
金曜日以外であれば電話の対応はいつでも可能です。

※厚生労働省の様式例をもとにした履歴書では「性別」欄は任意記載とし、「通勤時間」「扶養家族」「配偶者」「配偶者の扶養義務」欄を設けていないケースもあります。

書類選考で落とされない 職務経歴書の書き方

5-1 職務経歴書には何を書くか

パソコンで作成するのがおすすめ

履歴書と同様、職務経歴書の用紙も文具店で購入することができますが、職務経歴書はパソコンで作成するのがおすすめです。市販のものは、期間と職務経歴欄のみのシンプルなものです。そのため、あなたの細かい経歴や強み、能力をわかりやすく書くには工夫が必要です。所属した事業所名を書いただけでは、履歴書と変わりません。

「職務経歴」「能力や長所」を中心に、パソコンで独自に作成するほうが、効果的な職務経歴書が書けます（フォーマットは10ページ参照）。

職務経歴書の４つの要素

履歴書に書く「職歴」は、どこの組織（会社）に所属していたのかを書きます。あなたがどういった組織に所属していたのか、どのように転職をして現在に至るのか、時系列で伝えます。

一方の職務経歴書には、「何をしたか」「どんな能力や長所」があるかを主に書きます。ですから、あなたがどんな仕事をしてきて、どんな能力を身につけ、新しい会社の中でどのような活躍が期待できるかを書いてほしいのです。採用担当者にとって必要な情報は、あなたが何をしてきたか、どんな能力を持っているか、どれだけ貢献してもらえそうか、です。

では、具体的に自分の魅力をどんなふうにアピールすればよいのでしょうか。

職務経歴書は、決まったフォーマットがあるわけではないので、自由にあなたらしさをアピールしてかまいません。しかし、自由度が高いので、どんなふうに書いたらよいかわからないという人もけっこういらっしゃいます。そのため、本書では「職務要約」「職務経歴」「能力と長所」「自己PR」の４つの要素を中心に詳しく解説したいと思います。

この４つの要素は、最終的にはA4用紙１枚ないし２枚にバランスよく記入します。社会人経験が短い人、20代から30代前半までの人は１枚でもかまわないでしょう。ポイントを絞って、１枚で端的にあなたらしさを表現しましょう。社会人経験が長い人、豊富な経験や実績のある人は２枚におさめて書くのがおすすめです。

あなたの実績やアピール材料となる能力や長所を見やすい配置でまとめましょう。ただし、あれもこれもと盛り込みすぎないことがポイントです。

5-2 職務要約 あなたの職務経験を凝縮したもの

「職務要約」は数行にまとめる

「職務要約」は、あなたがこれまでどんな経験を積んで、どんな能力を身につけて現在に至るのかを、ぎゅっとまとめて書いたものです。学校を卒業したところから始まり、現在に至るまでを簡潔に数行でまとめて書きます。

自分のこれまでの人生を、たった数行にまとめるなんて、なかなかむずかしいですよね。しかし、職務要約であなたの人となりを伝えないと、採用担当者にあなたを理解してもらえません。採用担当者が、あなたの書類にさく時間は多くありません。その短い時間であなたに会おうかどうかを決めるのです。そのためにも、職務要約で「あなたがどんな経歴を歩んできたか、なぜいまここにいて、なぜこの会社に入ろうとしているのか」を伝える必要があります。

イメージは物語の「あらすじ」です。文体は「である調」で書きます。

これまでの社会人人生における、数えきれないさまざまな経験の中から、採用担当者に「会ってみたい」と思わせるエピソードを拾い上げます。それらをつなぎ合わせれば、「職務要約」の完成です。

学校卒業後から、人生の大きな転機ごとに、どの会社で、どんなことをした、どんなことを身に付けた、こんな大きな出来事があった、などを150文字前後でまとめます。

採用担当者が「会ってみたい人」「採用したくなる人」については、応募先企業の情報収集をして、その人物像をイメージします（12ページ参照）。そして、その応募先企業が求める人物像に合わせた職務要約に近づければよいのです。

それでも書くのがむずかしいという人のために、質問に答えるだけであっという間に職務要約が書けるワークシートを用意しました。質問に対して１行でもよいので書いてみましょう。最後にそれらをつなげると、あなたらしい職務要約の完成です。

●「職務要約」を書くためのワークシート

最終学歴後、どこに入社しましたか

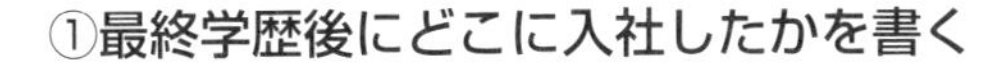
①最終学歴後にどこに入社したかを書く

例：４年大学を卒業後、ITシステム会社である□□株式会社に入社。

身につけたこと、心がけたことは何ですか

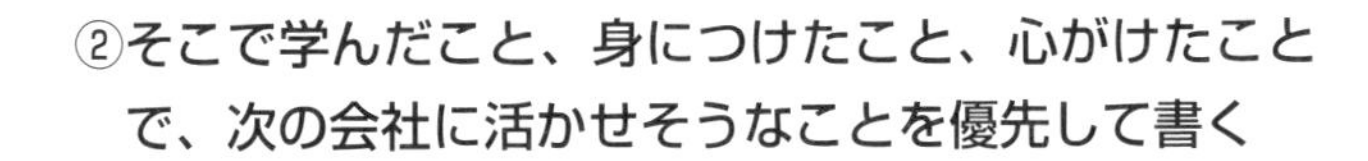
②そこで学んだこと、身につけたこと、心がけたことで、次の会社に活かせそうなことを優先して書く

例：ここでは、ITの基礎知識だけでなく、社会人マナーの基礎知識、チームの一員としての関わり方ついて身につけてきた。

途中の転機や活かせるエピソードなどがあれば

③退職理由や転機について書く。ここでも、次の会社に活かせそうなエピソードをチョイスする

例：その後、祖父母の介護のため退職。１年間、介護と家事を行ってきた。

直近の会社について

④直近の会社名やどんな会社かを書く

例：令和○年５月に、福祉事務所でのIT管理および事務業務の依頼を受け、□□ネットワーク株式会社に正社員として勤務。

応募先に活かせる能力やスキルはなにか

⑤直近でなにをしているのかを書く。ここでのスキルは現役で十分活かせることを書く

例：ITシステムの管理のほか、従業員の管理や育成を手掛け、現在に至る。

職務要約の文例

〈事務職→セミナー講師のケース〉

経理の専門学校を卒業後、大手通信会社の営業所で経理事務の仕事に従事。ここでは社会人の基礎知識とパソコンスキルを身につけた。結婚退職後、子育てをしながらパソコンに関する資格を取得。在宅入力の仕事をしながら、入力のスピードをあげてきた。現在は、パソコン教室で若年者から高齢者の方にパソコンのビジネススキルや年賀状作成といった自宅で手軽にパソコンに親しめるスキルを身につけてもらうためのセミナーを開催。セミナー講師と運営業務に携わり現在に至る。

〈販売・接客業務のケース〉

高校を卒業後、全国展開の飲食店『□□屋』にアルバイトとして勤務。店内の清掃から簡単な盛り付け、新人の教育まで任される。また、接客やクレーム対応についても数々の経験をしてきた。現在は、新たなスキルを身に付けるため、職業訓練校にて勉強中。すぐに仕事に就けるように、体力の増進にも努めている。

〈コールセンター業務→ゲーム制作業務のケース〉

大学卒業後、コールセンターにてお客様対応やスーパーバイザーとしてスタッフ管理の仕事を行ってきた。ここではコミュニケーション力を磨き、チームとして仕事をスムーズにこなすためのノウハウも身につけてきた。今後就きたいと願っているゲーム制作の仕事に向けて、現在自宅のPCでゲーム制作を行っている。友人や知人から試作品のフィードバックを受けながら、日々研鑽を続けている。

〈販売業務→キャリアコンサルタントのケース〉

大学卒業後、一般事務業務に８年間従事。その後、販売の仕事に転職。販売員からはじめ、５年めに支店長に抜擢される。離職が多い職場で、従業員１人ひとりの悩みに親身に関わっているうち、人材育成に興味を持つようになった。先月、国家資格キャリアコンサルタントを取得し、現在は上位資格の取得に向けて勉強中。

〈ITエンジニア→営業職のケース〉

高校卒業後、大手パソコンメーカーのエンジニアとして勤務。その後、営業部門へ異動を命ぜられ、民間企業だけでなく地方自治体の入札業務など、幅広く営業にも関わってきた。週末は地域のイベントに積極的に参加し、地元の農家の方と交流を深めてきた。現在は、IT技術を活用した農業の効率化について、地元商工会議所や青年団の方々と月に一度の勉強会を行っている。

5-3

職務経歴 具体的な「職務内容」と「心がけたこと」を書く

「職務経歴」の書き方は3パターンある

一般的に職務経歴書の書き方は「年代式」「逆年代式」「キャリア式」の3つのパターンがあります。それぞれの特徴とメリット・デメリットは以下のとおりです。特徴を生かしながら、自分のキャリアに合ったタイプで書きましょう。

①年代式

履歴書どおりに、仕事を会社ごとにまとめ、時系列順に上から記載すること。若年者に向いています。

メリット：履歴書と同じ順番なので、どの会社で何をしたかがわかりやすい

デメリット：中高年の転職の場合、直近の内容は職務経歴書の最後のほうに記載することになるため、アピール度が下がる

②逆年代式

年代式とは逆で、直近の仕事から順に記載すること。中高年に向いています。

メリット：直近の仕事内容から書くため、現在の能力を把握しやすい

デメリット：履歴書と逆の順番になるため、読みづらいと思われることも

③キャリア式

仕事の内容別に整理して記載すること。さまざまな職場で多岐にわたって仕事をこなしてきた人に向いています。

メリット：何をしてきたか、何ができるかがわかりやすい
デメリット：どの会社で経験したのかがわかりづらい

「職務内容」には具体的な仕事を書く

これまで多くの方の職務経歴書を添削してきました。職務経歴書を書くのが苦手な方によくあるのが、「経理事務全般」とか「ルート営業」というように、これまでやってきた仕事の内容を１行で書いてしまうというものです。これでは、具体的にどんな仕事をしてきたのかよくわかりません。

「経理事務全般」といっても、あなたが所属してきた会社の経理事務と、これから応募する会社の経理事務は同じではありません。会社の規模や業態が違えば、仕事の内容も全然違います。「全般と書けば、だいたいわかってもらえるだろう」は、残念ながらわかってもらえないのです。

職務内容は、とにかく「具体的に」「詳細に」書き出すことから始めます。どのように書き出すかについては21ページをご参照ください。

「心がけたこと」には価値観を盛り込む

次に、上記の仕事をするとき、どんなことを心がけてきたかということを書きます。

たとえば、データ入力の仕事でも、「なるべく早く入力することを大切に、無駄のない動作で入力することを心がけました」と「間違いのないように、ミスをしない入力を心がけていました」では、印象が違いますよね。ここは、同じ仕事でも、あなたならではの価値観を採用担当者にアピールをする絶好の項目です。

●「心がけてきたこと」の文例（業務別）

営業の仕事

- お客様のニーズを引き出すために、笑顔で大きな声であいさつをするなど、第一印象を良くすることを心がけてきました。
- 商品ではなく、私自身を買ってもらうために、日頃からお客様の店舗の改善案やちょっとした気づきをお伝えするように心がけてきました。
- どんな質問にもお答えできるように、商品知識はもちろんのこと、商品の使い方や商品の楽しみ方も日ごろから研究を怠らないことを心がけました。

販売の仕事

- お客様の“なりたい自分”は何かを、会話の中から引き出しながら、商品のご提案を丁寧に行うことを心がけてきました。
- 常に笑顔で応対をしておりました。お客様から話しかけやすい雰囲気でいるように心がけてきました。
- 日ごろから身だしなみを整え、表情のトレーニングも欠かさぬよう心がけてきました。商品の高級感をいかに私の雰囲気で出せるかを研究してきました。

一般事務

- 言われたことだけでなく、社内の人が働きやすいように前もって準備をすることを心がけてきました。
- 煩雑な業務に優先順位をつけ、普段から効率を考えながら、仕事をこなすよう心がけてきました。
- 日ごろから笑顔でいることを忘れず、挨拶や声かけといったことも大切に、社内のコミュニケーションを心がけてきました。

介護の仕事

- 日ごろから利用者の方の表情などを注意深く観察しながら、積極的な声かけと明るい笑顔で接するように心がけました。
- 体力には自信があるため、大柄な利用者様のお世話には積極的に担当を申し出ています。また、入浴など負担の多い仕事も担当することが多いです。

コールセンターの仕事

- 日ごろから風邪をひかないように気をつけています。包み込むような優しい話し方をいつも心がけています。
- お客様のクレームには、「親身になって」お話をとことんお聴きすることを意識しています。
- ひとりで解決しようとせず、チーム全体で早期解決することを大切にしています。

いかがでしょうか？ 「心がけてきたこと」を書くだけで、あなたがどんなことを大切に仕事をしてきたのかがとてもよく伝わりますね。

読みやすいようなちょっとした工夫を

これまで説明してきた「職務内容」と「心がけてきたこと」のふたつをメリハリつけて「職務経歴」としてまとめます。メリハリとは、見た目に単調でなくリズムがあること。そのためにも、見出しなどを効果的に使うと読みやすくなります。

むずかしいWordの機能を使う必要はありません。ちょっとした工夫で大きく変わりますので、まずはトライしてみてください。

〈カッコを使って見出しを作るとわかりやすい：経理業務の文例〉

【職務経歴】

＜職務内容＞

月末決算／伝票入力／交通費精算業務／消耗品費の精算／期末処理／税理士との打ち合わせ／電話対応／データ入力／株主総会の準備

＜心がけてきたこと＞

・伝票など作業的な仕事は、効率を上げるよう伝票の書き方などを工夫しながら作業を進めました。

・電話対応については、はっきりと活舌良く話すことを心がけてきました。数字の聞き間違いがないよう、言いかえをしたり繰り返したりと、伝達方法にも工夫をしました。

〈線で囲むだけでも見やすくなる：医療事務の文例〉

【医療事務業務】

業務内容：窓口での受付・電話対応・病室へのご案内・カルテやレントゲンの準備・医師と看護師への連絡業務・検査スケジュール管理・レセプト作成・診察費用の精算

・患者様には、いつも笑顔で優しい接し方を心がけています。

・医師と看護師への連絡は、日付や数、量に関するものはメモ書きにするなど、ミスが起こらないよう、ダブルチェックを行っています。

・レセプト作成では、診療報酬に関する最新の情報を見落とさないように心がけています。

〈表を使えばわかりやすさは格段にアップする：営業業務の文例〉

営　業　業　務	
業務内容	販売店・小売店へのルート営業／申込みの受付／商品の補充／新商品の販売応援／アンケートの実施／イベントの企画と開催
実　　績	年間売上額　1,200万円 顧客獲得数　約200人／年 ※年間売上ランキング　全国で第3位（営業350名中）
工夫した点	・販売店、小売店へ訪問の際は、商品の販売だけでなく、お店を一緒に盛り上げる小さな改善を心がけてました。 ・お客様にはいつも笑顔と張りのある声で応対しました。 ・イベント企画は、お客様が「来てよかった」と思ってもらえるよう、温かみのあるイベント内容を心がけました。

5-4

能力や長所 求められる人物像に近いキーワードで表現する

能力や長所とは、あなたの「強み」

「職務経歴」の次は、あなたの「能力や長所」について整理してみましょう。

能力とは、なにか物事を成し遂げることのできる力のことをいいます。仕事を遂行できる能力、周囲の人とコミュニケーションがとれる能力、物事をとっさに判断する判断力、といったものです。

一方の長所はというと、あなたの性格の良いところや魅力です。

この能力や長所、つまりあなたの「強み」を採用担当者にわかりやすく伝えることが大切です。

あなたを雇いたいと思わせるような、あなたの能力や長所や魅力を効果的に伝えることが大切だということを忘れないでください。

「強み」を表現するためのキーワード

採用担当者にわかりやすく伝えるには、まずあなたの強みを一言で表現する必要があります。以下によく使うキーワードを記載していますので参考にしてください。

それぞれのキーワードの中から、自分に一番近いと思われるもの、よく人から言われるものが、あなたらしさを表現しているキーワードです。

あなたらしさを表現しているキーワードを、まずは5つピックアップしてみましょう。さらに、そのキーワードに優先順位をつけておきましょう。

「能力」を表現するためのキーワード

リーダーシップ力、統率力、プラス思考、ポジティブ思考、
有言実行力、行動力、自己管理力、判断力、忍耐力、傾聴力、
プレゼン力、交渉力、吸収力、発想力、想像力、洞察力、
観察力、分析力、課題発見力、語学力、文章作成能力、理解力、
伝える力、論理的会話力

「長所」を表現するためのキーワード

積極性、自発的、チャレンジ精神、粘り強さ、持続性、向上心、
几帳面、慎重、計画性、誠実、柔軟性、探究心、好奇心旺盛、
素直、責任感、負けず嫌い、協調性、社交性

あなたならではのエピソードを書く

あなたの「強み」を表現するキーワードをピックアップしたら、今度はあなたならではのエピソードを考えます。キーワードだけでは、残念ながらあなたらしさは簡単には伝わりません。なぜなら、あなたが伝えようとすることと、採用担当者側の受け取り方が違ってくることが多いためです。

だからこそ、あなたらしい、あなたならではのエピソードを書く必要があるのです。

●「キーワード」とエピソードの例

キーワード　傾聴力

お客様の目をみて、深くうなずきながら、お客様のご希望をしっかりとお聴きしています。この傾聴力のお陰で「あなたから買います」と言われたときはとても嬉しかったです。

キーワード　チャレンジ精神

私はなんでもやってみたいという気持ちがあり、チャレンジ精神が旺盛です。新しいこと、未経験のことをやることは、失敗するかもという不安より、わくわくする気持ちのほうが強いです。

キーワード　行動力

私は周りから「行動力がある」とよく言われます。それはきっと、行動しながら考えているからだと思います。営業においても、まずは言われたことをやってみて、次に自分なりの方法でやってみる。その結果から、次の行動を予測し、常にPDCAを回しながら行動するのが得意です。

キーワード　協調性

よく周りから「協調性がある」と言われます。日ごろから考えているのは、意見の対立ではなく意見の調和。それぞれの良い点をまとめて、さらに良くするにはどうしたらいいかを考えます。問題をよりよくスピーディに解決することを大事にしています。

キーワード　探求心

日頃から、ものごとを注意深く考えたりすることが好きです。トラブルやクレームが起こった際は、二度と起こさないためにも、その原因追求や予防のために、あらゆる角度から考えたり整理したり仮説をたてて実験をしています。

求められる人物像の“カード”を出す

私たちはみな、自分らしい“強みカード”を何枚も持っています。そのカードをたくさん持っている人もいれば、１枚でも最強のカードを持っている人もいます。しかし、職務経歴書では、カードをたくさん持っている人や最強カードを持っている人が採用されるわけではありません。大切なのは、応募先の企業が求める人物像に一番近いカードを見せているかということです。

ここまで、あなたらしさを表現するキーワードを５つチョイスし、それぞれのエピソードも書きました。最後は、応募先企業が求める人物像は何かを想像し、それに一番フィットするカードから優先順位を決めていきます。

企業から「求められる人物像」については、第１章12ページに書いています。「情報収集の４つの視点」から、求められる人物像に近いキーワードで自分の能力や長所をまとめてみましょう。

もし、そのようなキーワードが見つからないと思ってもあきらめる必要はありません。そんなときは、自分の能力や強みを応募先の企業で活かすとしたら、どんなふうに活かせるか、どのように貢献できるか、想像力をふくらませて書くのです。あなたならではの新たな発想が、採用担当者の心を動かすかもしれませんよ。

5-5

自己PR 謙虚になりすぎず、自分らしさをアピールしよう

できるだけ謙虚すぎないように

「自己PR」は、あなたが応募先企業にどれだけ貢献できるかをアピールするところです。前述の「能力や長所」は「私の能力は○○でこんな○○な性格です」と伝えています。さらに自己PRでは、その能力で「こんなことができますよ」とアピールします。

よくあるケースに「事務の仕事は初めてですが、一生懸命頑張ります」や「未経験ですが体力だけは自信があります」といった謙虚なもの。誰もみな新しい仕事は初めてです。たとえ経験のある仕事でも事業所は違うし、一緒に働く人も違います。法律も変われば、予算も違います。ということは、「初めて」「未経験」は全員に当てはまります。

みんな同じ状況だという前提のうえで、「何ができるか」をアピールしなければなりません。この想像力や予測する力も見られているといってよいでしょう。とはいえ「未経験なのに簡単にできますとは言えないしなぁ」と思うのも無理はありません。つい書いてしまいそうになる「未経験ですが」は飲み込んで、そのあとのセリフから書いてみましょう。

「一生懸命頑張る」とは、何をどう頑張るのか。体力があると何をどうできるのか。その部分をもう少し具体的に書いてみましょう。きっと、あなたしか書けない熱量の高い素敵な「自己PR」になることでしょう。

ワークシートを利用してまとめよう

以下に、あなたらしい「自己PR」を書くためのワークシートを掲

載しました。

あなたの強みや、それを裏付けるエピソード、応募先企業の状況やあなたが貢献できることを、ひとつずつ書き出して、まとめてみましょう。

●自己PRを書くためのワークシート

①PRしたい強み

まずは結論です。「能力や長所」と同様に、ここでは結論として一番インパクトのあるキーワードから始めます。

例：私は、数字やデータの分析を得意としています。

②エピソード

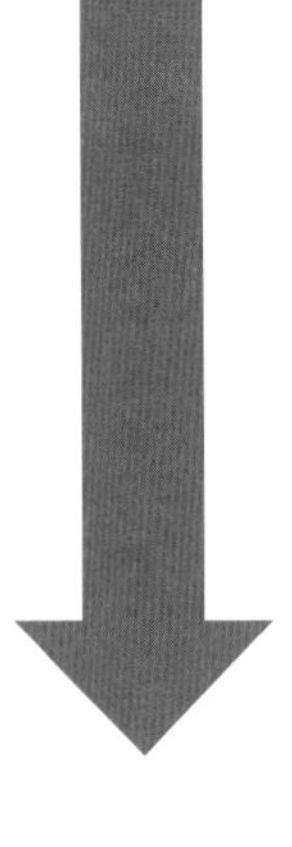

①の裏付けとなる根拠を書きます。なぜそれが強みと言えるのかを、これまでの経験から書くことが大切です。

例：前職ではマーケティング事業部にいたので、常に市場の分析を欠かしませんでした。データを見ながら、このデータになるまでの経緯、あるいは原因は何かについて分析してきました。ただ、分析だけではどうにも腑に落ちないこともあり、そんなときは現場に赴き、直接ユーザーの声に耳を傾けるといったことも積極的に行いました。

③応募先の状況や要望

ここは④へのブリッジです。①の強みを必要としている応募先の状況を書きます。応募先の課題を客観的にみていることにもなりますし、求人票をちゃんと読んでいるということも伝わります。

例：貴社では他部署との連携を大事にしながら戦略会議を行っているとお伺いしています。

④あなたは何ができるか

最後に、その強みを応募企業でどう活かすかを書きます。「未経験ですが」や「初めてですが」は不要です。堂々と力強く「自分を貴社で活かしたい」という思いで締めくくりましょう。

例：データ分析や、現場の声を取り入れることで、積極的に戦略会議でも発言できるのではと考えております。

〈「自己PR」の文例①〉

入出金管理業務に携わり、キャッシュフロー管理において昨年は５％の経費削減に寄与し、知識拡充のため簿記資格の取得やスキルアップに努めてきました。入出金やキャッシュフロー管理、グループ会社の経理業務までを行うという貴社の職務は、私のこれまでの経験を最大限に活かし即戦力として貢献していけると考えております。またグループ会計というこれまで勉強のみの領域に関しても習得し、業務を担当できるよう努めてまいりたい所存です。

〈「自己PR」の文例②〉

私はこれまで、飲食店で接客の仕事をしてきました。ここで身につけたコミュニケーション力や周囲への気配りは、当時からよく褒められました。貴社の理念に「お客様の笑顔がわたしたちの一番の宝物」とあります。お客様の笑顔を引き出し、毎日楽しく仕事ができるように貴社に貢献したいと思っています。

〈「自己PR」の文例③〉

私の強みは「粘り強さ」です。これまで営業で外回りをしておりましたが、何度もお客様訪問を行ってきました。最初は目もあわせてくれなかったお客様も最後には「なんだかあなたの顔を見るだけでこっちも元気が出てくるよ」と言われるまでになりました。商品の販売だけでなく、貴社の存在そのものがお客様の安心につながるような粘り強い営業をこれからも続けていきたいと思っています。

5-6 「職務要約」「職務経歴」「能力や長所」「自己PR」のバランスを考える

「職務経歴」をメインにまとめる

ここまで職務経歴書の４つの要素について説明してきました。「職務要約」「職務経歴」「能力や長所」「自己PR」の４つについてひと通り整理したら、「あれっ？　１枚におさまらないぞ。いや２枚にも収まらないかも」という方いらっしゃいませんか？

前述したように、職務経歴書は長くてもA4用紙２枚におさめるのが鉄則です。ですので、ここからはこの４つの要素をどのようなバランスでまとめるかが課題になってきます。

どうしてもおさまらない場合は、４つの要素すべてを書き込む必要はありません。

一番優先すべきは「職務経歴」です。職務経歴書ですから「職務経歴」がメインとなります。あとは、その他の要素をバランスよく盛り込みます。

このとき、「能力や長所」と「自己PR」が同じようなことを書いているなと感じる場合は、どちらか一方を書けばよいでしょう。うまく書けたほうをチョイスしましょう。

また、「職務要約」の代わりに「志望動機」を書く人もいます。履歴書に書く志望動機と内容がかぶっていなければ「職務要約」の代わりに「志望動機」でもかまいません。それだけ、あなたの熱い想いを伝えることにもなりますから。

全体的な文字数のバランスは、140ページの職務経歴書の文例を参考にしてください。

「志望動機」を書く場合は重複を避けよう

最後に、「志望動機」を履歴書と職務経歴書のどちらにも書きたいという場合の書き方について説明します。

まず、どちらにもまったく同じ内容の志望動機を書くのはやめましょう。同じ内容を書いたところで、マイナスイメージしか伝わりません。

次に、履歴書の志望動機の欄は、あらかじめ枠が決められていますので、たくさん書くことはできません。たくさん書こうと文字サイズを小さくするのも得策ではありません。履歴書内の他の文字サイズに合わせて書きます。履歴書の志望動機は何を書くかについては、第4章97ページを参照ください。

そのうえで職務経歴書にどう書くかですが、「同じことを別の視点で書く」「能力や長所を軸に書く」「応募先企業を軸に書く」「世の中の動向を軸に書く」「自分の思いを中心に書く」「過去の経験を中心に書く」「未来を見据えた内容で書く」など、さまざまな切り口で書きます。

大切なのは「違うことを書いているけど一貫している」「別のことを書いているけどぶれていない」ということ。以下の文例を参考に書いてみましょう。

〈能力や長所を軸に書く場合の文例〉

> 私はこれまで、経理業務を幅広く経験してきました。計算をするときの「集中力」や数字を見ておかしい部分を見つけ出す「直観力」には自信があります。そのような能力を活かし、貴社のお役に立ちたいと思い応募いたしました。

〈応募先企業を軸に書く場合の文例〉

私はこれまで、経理業務を幅広く経験してきました。貴社のホームページに「適材適所」「従業員に投資をする」といったキーワードを拝見し、大変共感いたしました。大切な資金の運用について最大限効果を発揮するためにも、私の強みである「集中力」や「直観力」を活かし、貴社に貢献したいと思い、応募いたしました。

〈世の中の動向を軸に書く場合の文例〉

私はこれまで、経理業務を幅広く経験してきました。今の日本は「働き方改革」「労働生産性の向上」を軸に大きな変革のときと感じております。そのためにも業務の無駄を省き、ミスが起きない運用方法についても考える必要があります。私は、これまでの経験を活かし、これからの貴社の発展のために、経理事務を通して寄与したいと考えております。

〈自分の思いを中心に書く場合の文例〉

私はこれまで、経理業務を幅広く経験してきました。これまでの業務のなかで数字がピタリと合う瞬間にやりがいを感じてきました。周囲からは「仕事が早い」「信頼できる」と言われ、会社における経理業務の大切さを痛感してきました。貴社は介護の現場に必要な商品の開発に日夜取り組んでおられます。私は経理を通して貴社と世の中に貢献したいと思い、応募させていただきました。

〈過去の経験を中心に書く場合の文例〉

> 私はこれまで、伝票入力から決算業務まで幅広く経理業務を経験してきました。また、後輩に経理の業務を指導する業務にも携わりました。基本的な業務だけでなく、運用面や教育面においても貴社に貢献できるのではと考えております。どうぞよろしくお願いいたします。

〈未来を見据えた内容で書く場合の文例〉

> 私はこれまで、経理業務を幅広く経験してきました。前職では会社の立ち上げから参加し、経理担当が５名も増員されるまで、事業の拡大に貢献してきました。貴社は、これからの超高齢化社会において誰もが必要とする商品の開発に携わっておられます。社長の目指しておられる「１年後は上場企業」になれるよう、経理という部門でぜひ貢献したいと思い応募させていただきました。

職種別にみた、さらに付け加えたいポイント

ここでは、職種別に職務経歴書に加えておくと効果的なアピールポイントをまとめました。具体的な数字、業務内容、使えるパソコンのアプリケーションといった、採用担当者の目にとまるようなポイントを知っておきましょう。

◆営業職の場合

営業は業種を問わず、実績を求められます。具体的な年数や実績金額、また目標の達成率などもあわせて書き込むと、より具体的に伝わるでしょう。ただし、異業種に転職する場合、実績金額の相場が伝わ

りません。そのような場合は、補足や解説を付け加えましょう。

＜売上実績＞2016年度：1,200万円（達成率102%）
2017年度：1,500万円（達成率110%）
2018年度：1,450万円（達成率98%）
※全国の営業所内３位／550名

・2018年度は台風が直撃し、多くの店舗が床下浸水に見舞われた。その際、全国の営業担当と連携をすることで、達成率に近い成果を得ることができた。

◆事務職の場合

事務職は具体的な業績という数字では表わしにくい職種です。そのため具体的な業務をていねいに書きましょう。

＜業務内容＞見積書作成／請求書作成／領収書の発行／伝票入力／資料作成／納期の確認と調整／交通費精算／電話対応／来客の対応／備品管理および棚卸し／小口現金の取り扱い／パンフレットの整理整頓／顧客名簿管理／名刺作成

◆マーケティング担当の場合

マーケティングというと市場動向やさまざまな調査業務が主です。こちらも具体的な数字を出すのは難しいでしょう。ここでは、どのような調査をしたのか、どれくらいの規模の調査だったのか、またユニークな調査方法や予想外の結果が出たエピソードなどもまとめておきましょう。

＜主な調査＞
・新コスメブランド○○の売行調査

渋谷駅、新宿駅周辺にてサンプル品の配布とアンケートの回収
→　大学生の調査員だったせいか、アンケート回収率が90%と高い。
・女性のブランド志向調査
雑誌『○○』にアンケートサイトのURLを記載
→　アンケートに答えた人全員に限定ポーチをプレゼント。抽選でブランド化粧品の進呈。

◆ホテル業の場合

ホテルでの業務はというと、おそらく多岐にわたるのではないでしょうか。さまざまな業務の実績を整理するのは、大変かもしれませんね。このような場合、所属しているホテルの規模や方向性を伝えるのも効果的です。

＜ホテルステイトインの概要＞
客室数：140室
収容人数：280名
建物：地上11階・地下１階、
特徴：エコロジー、ユニバーサルデザイン
福岡の繁華街にあり新幹線や飛行機へのアクセスも便利な立地。
特にエグゼクティブクラスのビジネスマンの利用が９割。

◆Webデザイン業務の場合

実際に手がけた作品の記載だけでなく、使用ソフトについてもバージョンを加えて記載しておくとよいでしょう。

＜主な作品＞・福岡市「チェンジ&チャレンジ」webサイト
・株式会社○○公式ホームページ
・△△百貨店公式ホームページ

＜使用アプリケーション＞Dreamweaver2019・Photoshop2020・Illustrator24.0.2

◆システム開発担当の場合

システム開発では、開発したシステム名に加えて、具体的にどのような部分を担当したのかまでまとめておきましょう。

＜主なプロジェクト＞
・在庫管理システム『〇〇』基本のシステム設計および工程管理
・倉庫管理システム『△△』におけるプログラミング業務およびテスト
・クラウド型人事管理システム『□□』運用管理および保守業務。プログラミング修正

20代女性・事務職のケース

職務経歴書

令和元年６月１日
佐々木　洋子
(090-2222-4445)

【職務要約】

大学を卒業後、大手通信会社に事務職として入社。ここでは、社会人としてのビジネスマナーを身につける。また、経理の補助的業務にも携わったことから、簿記の基礎や業務の流れも学んだ。先輩や同僚に恵まれ、コミュニケーションの大切さやチームの連携が仕事に成果をもたらすことを実感した。経理の業務に携わることで数字を扱うことに大変興味を抱き、簿記の資格も取得。来年には税理士の資格にチャレンジしようと勉強中である。

【職務経歴】

松本カーステーション株式会社（平成24年４月～令和元年７月）

＜業務内容＞

経理業務：伝票データ入力、請求書および領収書のチェック、売掛金買掛金のチェック、従業員の出張旅費のチェックとシステムへの入力

- 数字の見間違いを防ぐため、主に午前中に集中して業務を行い、その際ダブルチェックは欠かさず行いました。
- 出張旅費については、経費の無駄に注意するだけでなく、出張の移動時間の無駄が減少するような経路の提案なども積極的に行いました。

事務業務：消耗品の購入と在庫管理、会議室の予約管理と清掃、来客対応、電話応対、名刺管理と発行手続き業務

- 事務作業の改善を行い、部署全体の残業時間を75%削減いたしました。
- 来客対応時は笑顔を欠かさず、お客様をできるだけお待たせしないよう心がけました。

【能力や長所】

慎重な性格

周囲から「いつも慎重に確認をしているね」とよく言われます。数字の裏には必ず確証となるものがあります。また、問題を平和に解決するためにも、感情的にならないよう心がけています。

チャレンジ精神

どんなこともまずは行動してみる、ということをモットーとしています。行動した結果からわかることもたくさんあります。どんな役割もすすんでチャレンジします。

自分に「OK ！」と言ってあげよう

私たちは、良くないことが起きると「やっぱりね」とか「そうなる運命だったんだ」というふうに、その出来事を正当化しようとします。なぜなら、正当化することで、少しでも心の傷を浅くしたいからです。そのうち、良くないことが起きる前から「きっと今度も無理かも」とか「どうせダメだから」というふうに、あきらめモードになってしまいがちです。そんなネガティブな考え方は、今すぐに捨てましょう。

私たちがやるべきことは、自分に「OK ！」と言ってあげること。できなかったことにフォーカスするのではなく、できたことにフォーカスする癖をつけましょう。そのために、毎日「できたこと日記」を書くことをおすすめします。質より量、どんな小さなことでもいいので、できるだけたくさん書くことが大切です。

「今日は、30分ほど公園を歩いた。そんな私はOK ！」

「お昼ご飯をちゃんと作って食べた。そんな私はOK ！」

「履歴書を１枚仕上げた。そんな私はOK ！」

いかがですか？　毎日、たくさんのOKを自分に言っているうちに、ネガティブな気持ちがだんだんと薄れ「まだまだイケるじゃん、私！」という気持ちになりませんか？

不採用になると、自分のことを全否定されたような気分になるかもしれません。そんなときこそ「次また頑張るぞと思った。そんな私は超OK ！」と叫んでみましょう。

書類選考で落とされない送り方

履歴書・職務経歴書を送付する作業も手を抜かない

「送付状」は必ず同封する

ここまで、履歴書と職務経歴書を作成してきました。「さあ送ろう！」と思いたいところですが、ここで最後の仕上げです。

「送付状」というものをご存知でしょうか。書類を送付する場合に、書類の最初に付けるのが送付状です。これを同封しないとビジネスマナーが欠けているとみられてしまいます。

次ページのサンプルのように、送付状には「日付」「送付先」「自分の名前」「内容」を書きます。「内容」部分の枠で囲んだ部分は、なぜ履歴書を送るのか（応募するのか）という簡単な志望動機です。

これらの要素をA4用紙１枚にまとめます。

簡単な「志望動機」の書き方

送付状に書く志望動機は簡単なものでかまいませんが、採用担当者が履歴書・職務経歴書を読みたくなるような内容で、２～３行でまとめましょう。

〈販売・接客の経験をいかした文例〉

さて、9月1日発行の求人誌「○○」を拝見し応募させていただきました。

私は、これまで10年間衣料品販売の現場で、接客のスキルを磨いてまいりました。この経験を活かし、ぜひとも貴社の販売員と

● 「送付状」の例

令和○年○月○日

□□商事株式会社
人事部　田中 様

〒890-1111
福岡県福岡市天神４丁目３番２号
太田　ひろ子
(090-1111-2222)

応募書類の送付について

拝啓　時下ますますご清栄のこととお喜び申し上げます。

さて、このたび○○○○にて貴社の求人を拝見し、○○業務に応募させていただきたく、応募書類を送付いたしました。

私はこれまで、伝票入力や決算処理といった経理事務全般の業務に携わってきました。これまで培った経験を活かし、ぜひ貴社に貢献したいと思っております。

つきましては、応募書類一式を同封いたしましたので、ご多忙のところ大変恐縮ではございますが、ご高覧くださいますよう、よろしくお願い申し上げます。

敬具

簡単な「志望動機」を書く（144ページ）

記

・履歴書　　1部
・職務経歴書　　1部
・○○○　　1部

以上

その他同封するもの（146ページ）

して働きたいと願っています。

〈事務経験をいかした文例〉

貴社のホームページを拝見し「事務スタッフ急募」に応募させていただきました。私はこれまで、財団法人の事務スタッフとして基本的な業務だけでなく、財団法人ならではの特殊な業務も経験してまいりました。今後は、貴社の事務スタッフとして働きたいと思っております。

〈知り合いの紹介を受けた場合の文例〉

さてこのたび、〇〇株式会社部長山本様よりご紹介いただき、2020年プロジェクトリーダーに応募させていただくことになりました。

業務内容もさることながら、山本様からのご紹介ということで、ぜひともチャレンジしたいと思いました。私は３年間、〇〇株式会社において、Ａ事業プロジェクトのスタッフとして働いていた経験があります。

その他に同封するもの

送付状、履歴書・職務経歴書のほかに、ハローワーク求人の場合は「紹介状」というものも同封します。それとは別に、応募先企業から独自の提出書類を求められる場合があります。その際は、規定に従って提出しましょう。

◆「紹介状」を求められる場合

ハローワークの求人に応募する際は、ハローワークで発行される「紹介状」を同封する必要があります。ハローワークから持ち帰るときは、シワがつかないようクリアファイルに入れるなどしましょう。

◆「自己PR書」を求められる場合

個別に自己PR書の提出を求められた場合は、職務経歴書には書かずに、こちらの書類にしっかりと書きましょう。だらだらと書くのではなく、メリハリをつけて自分らしさが伝わる文章を心がけましょう。

◆「(課題) 感想文」を求められる場合

仕事のテーマにおける感じたことや考え方などについて提出を求められる場合があります。課題のテーマは何か、何を求められているのか、何がポイントかなどを事前に整理して書き始めましょう。なお「800文字以内」などと文字数が決められている場合は、最低でも750文字以上書きましょう。

◆「リーフレット・ポスター」を求められる場合

デザイン系の職種の場合、これまでに作成した作品やリーフレット、チラシ、ポスターなどは効果的です。ただ、すべての作品を提出するのではなく、ジャンル別に整理をして、その中からいくつかピックアップしたものを提出しましょう。採用担当者が見たいものは何か、想像しながら整理をすることが大切です。

◆「メディア作品」を求められる場合

アニメーションや動画関連などの職種の場合に、写真やイラスト・動画といった作品の提出を求められることがあります。その場合は、クラウド上にデータを保管し、採用担当者には保管場所のURLを伝えるといった配慮をしましょう。いつでも簡単に見られる工夫は相手のことを思った行動として好感触です。

封筒の準備をする

封筒に入れる書類の順番は、上から「送付状」「履歴書」「職務経歴書」「その他同封するもの」です。すべてA4サイズで揃えて、クリップで左上を留めるか、クリアファイルに入れてまとめます。書類をまとめているとていねいさが伝わります。

封筒は、白か茶色の「角２サイズ封筒」を準備します。それより小さいサイズの封筒に書類を折り曲げて入れるのはNGです。なぜなら、せっかくていねいに作成した書類に折り目がついてしまい、あなたのこれまでの努力が台無しになってしまうからです。

表面にマジックで宛名を記入します。斜めにならないように鉛筆で薄くガイドラインを引いておきましょう。住所や会社名は省略せずに書きます。会社名が英語の場合は横書きでもOKです。封筒の左側には「履歴書在中」と赤ペンで書いておくことをおすすめします。

裏面には自分の住所と名前を記入します。表面が縦書きなら縦書き、横書きなら横書きで書きます。印刷でもかまいませんが、できるなら手書きをおすすめします。手書きは丁寧さが伝わります。書類を入れたら糊できちんと貼りつけます。最後に「〆」を書いておきます。切手は、記念切手ではなく普通の切手を使用しましょう。

採用担当者から「急ぎ送ってください」と言われたら、速達で出しましょう。簡易書留はOKですが、ゆうメールや宅配便はNGです。同時期に複数の企業に送る場合は、くれぐれも封筒の宛名と中身を取り違えないように十分気をつけてください。

（縦書きの例）

〒120-1111
東京都目黒区上目黒一丁目二番地五号
坂本ビル３階
株式会社ネットワークス
人事部　採用部門
課長　田中　一郎　様
履歴書在中

（横書きの例）

〒120-1111
東京都目黒区上目黒１丁目
２番地５号
坂本ビル２階

株式会社CAREERSTAGE
総務部　人事課
北島　様

履歴書在中

郵送するときの常識・非常識

ビジネスマナーがあるかないかは、郵送のしかたでも伝わります。むずかしいことではありません。ごく常識的なマナーがあるかどうかを見られるだけですので、以下のことに注意しましょう。

●郵送のポイント

常　識（OK）	非常識（NG）
角2封筒で折り曲げずに入れる	書類を折り曲げて入れる
白や茶色の封筒	その他の色がついた封筒
住所や宛名を略さずに書く [例]：1丁目2番地5号 株式会社ネットワークス	住所や宛名を略して書く [例]：1－2－5 （株）ネットワークス
役職は宛名の上に書く [例]：課長　田中　様	役職を宛名の下に書く [例]：田中課長　様
普通の切手・郵便局窓口での別納証紙	記念切手・目立つ切手
普通郵便・速達郵便・簡易書留	ゆうメール・宅配便

6-2

メールや電話での注意点

Webでの申し込みはここに注意

最近では、自社のWebサイトから直接申し込みを受け付ける企業も当たり前になってきました。このような企業の場合、パソコンで申し込みができるスキルがあることを前提としています。

入力画面は、あらかじめ文字数が決まっている場合もあります。そのため、直接書き込むのではなく、あらかじめ文字数を確認しながら、書き込む文章を整理しておくとよいでしょう。

入力の途中で誤操作があるとも限りません。念には念を入れて、事前に文章を「メモ帳」などで作成し、校正したうえで入力することをおすすめします。

Wordで作成したものをコピペすると、書式も一緒にコピペされてしまうため、うまくいかない場合がありますので、ご注意ください。

メールでの応募は添付忘れに注意

郵送より手軽なのがメールで応募するケースです。

最近では「メールで履歴書・職務経歴書を添付してください」というケースが増えました。手軽なのは良いのですが、メールアドレスの間違いにはくれぐれも気をつけてください。うっかりすると自分の個人情報を見知らぬ誰かに送ってしまいかねません。

また、よくあるミスが添付を忘れるというもの。メールのマナーについても気をつけながら送信してください。

〈メールでの「送付状」の文例〉

株式会社令和商事
人事部　採用担当　田中様

いつも大変お世話になっております。
このたび、貴社のホームページを拝見し、
「事務スタッフ」に応募したいと思いメールをさせていただきました。

私は、昨年まで５年間事務の仕事に従事してまいりました。
私の経歴につきましては、添付の履歴書・職務経歴書にまとめております。
お忙しいところ恐縮ですが、ぜひともご高覧のほどよろしくお願いいたします。

今後ともよろしくお願いいたします。

****

山本　史子
Mail：humiko3535@abc.ne.jp
Tel：090-8899-1122

電話の際のマナーにも気つける

たとえば、応募要項でよくわからない点がある場合、直接採用担当部門に電話をかけることがあります。電話をかけることは問題ないので、疑問点などがあれば積極的に電話で確認をしましょう。

ただし、電話での対応は見られています。聞きたいことは何か、担当者は誰かなど、用件を整理して端的に会話ができるようにあらかじめ練習をしておきましょう。

●電話をかける際の注意点

「はじめまして。わたくし御社の「事務スタッフ」業務に応募を考えております山本と申します」
➡ 自分が何者であるかをはっきりした話し方で切り出す。

「お忙しいところ恐れ入りますが、２つほど質問させていただいてよろしいでしょうか」
➡ 忙しいなか対応してもらえていることに感謝を示す。
具体的にいくつ用件があるのかを伝える。

「〇〇については、１週間後の20日必着でよいということですね」
➡ 相手の言ったことを復唱し、とくに日時などについては念を押して確認する。

「〇〇様、お忙しいところありがとうございました。今後ともどうぞよろしくお願いします」
➡ お礼の挨拶は必ず行う。
良い印象を残しながら電話を静かにきる。

持参するときは「プレ面接」と考える

郵送で間に合わない場合、直接担当者に持参する場合があります。このときも、前もって電話で持参してよいかを確認しましょう。採用担当者あるいは担当部門から日時が設定されている場合は、時間に遅れないように持参しましょう。書類は封筒に入れるか、クリアファイルに入れ、汚れないようにして持っていきます。担当者が出てきたら、封筒あるいはクリアファイルのまま渡してかまいません。

持参するときの服装ですが、面接時と同じスーツなどきちんとした格好をおすすめします。担当者は、すでにあなたの状況をチェックしています。「持参はプレ面接」と心得て、さわやかできちんとした印象を与えるようにしましょう。

6-3 書類を送付した後は……

なかなか連絡がこないときは

応募先の企業からなかなか連絡がこないとソワソワしますよね。そんなときはどうしたらよいでしょうか？

投函日から約２週間は結果をじっくりと待ちましょう。ハローワークからの応募の際は、ハローワークの担当者に結果通知がきていないか確認してもらうのもよいかもしれません。３週間過ぎたら企業に電話で確認するのもよいですが、あまり期待はできないでしょう。

不採用だと採用担当者にイライラして不満をぶつけたくなるかもしれませんが、ここは気持ちを切り替えて、新たな応募に目を向けましょう。

書類選考で不採用通知が来たら

不採用通知は封書でくる場合が一般的です。ハローワークから応募した場合は、速やかにハローワークにも連絡をしましょう。

不採用通知がくると、さぞ気持ちも落ち込むことでしょう。気持ちが落ち込まないためにも、応募を継続しましょう。

面接の連絡がきたら

書類選考をパスすると、面接に来てほしい旨の連絡があります。面接の連絡は、電話が一般的です。そのため、書類を投函したら、担当部門の電話番号はまっさきに携帯電話に登録し、すぐに電話に出られるように準備をしておきましょう。

面接の連絡がきたら、まずは連絡をくれたことに感謝し、面接の日時についてきちんと確認します。電話を切ったら、次は面接に向けて対策を練ります。

常に履歴書を準備しておく

　不採用の通知が届くと、気持ちが大きく落ち込むことでしょう。それは無理もありません。期待が大きかった求人、周囲に「大丈夫！」と言われた応募であればあるほど、なかなか気持ちを元に戻すのも時間がかかります。その気持ちの浮き沈みを抑えるためにも、目先の結果に一喜一憂しないように注意しましょう。

　そのためには、すぐ次の応募に取りかかれるように、机の上に履歴書の準備をしておきます。封筒や切手、筆記用具もすぐ使えるように準備しておくことが大切です。

　また、履歴書は、志望動機以外は応募先に関わらずほぼ同じ内容です。そのため「1日1枚書く」と決め、それを毎日の習慣にしてみてはいかがでしょうか。転職活動は、行動した分だけ結果につながります。常に書類を準備しておき、モチベーションが持続するように環境を整えておきましょう。

おわりに

私はこれまで、何度も転職を重ねてきました。退職理由は、出産、夫の転勤、人間関係、会社の倒産、契約満了、条件の相違など。転職のたびに、自分のふがいなさを責め、自己嫌悪に陥り、次こそは長く勤務できるように頑張ろうと思いました。それでも同じところで長く働くことは叶いませんでした。それならいっそ個人事業主でやりたいことをやりたいようにやってみようと独立しました。

あるとき、「キャリアコンサルタント」という資格を知り、「これまで何度も転職した経験が、もしかしたら誰かの役に立つのではないか」と思い、資格を取得。同時にハローワークでの仕事を始めました。業務のかたわら、上位資格の取得にチャレンジしてきました。現在は、キャリアコンサルタントの資格のなかでも合格率わずか４％という「１級キャリアコンサルティング技能士」にも合格し、やっと自分に自信を持てるようになった気がします。

振り返ると、国家資格キャリアコンサルタントの資格を取得して８年もの歳月が過ぎました。その間に、１万人以上の方のキャリアコンサルティングを行い、転職活動のお手伝いをしてきました。また、キャリアに関するさまざまな講座や研修を通して、２万人近くの方々に、自分のキャリアについて考えることの必要性、キャリアコンサルティングの効果についてもお伝えしてきました。

キャリアコンサルティングは目の前のご相談者のお悩みをお聴きし、解決に向けて戦略を考えるというもの。おひとりおひとりの人生に関わるこの仕事は、私にとってかけがえのない天職ともいえる仕事になりました。

とはいえ、もっと多くの方のお悩みを解決したい、転職活動の苦しさを少しでも減らしてもらいたい。そのような思いから、転職活動で苦しんでいるたくさんの方にこの本を手に取ってもらいたいと執筆しました。

今、あなたは、この本を手にとられてみてどのようなお気持ちでしょうか？　この本を読んで心の傷は少しでも癒されたでしょうか。具体的な応募書類の書き方を手に入れることができたでしょうか。

転職活動は孤独でつらいものです。そんなつらい時期に本書を読んでいただき、バイブルとして傍らに置いていただきたいのです。

そうして見事「採用」を勝ち取ったときには、ぜひ自分自身にこう言って欲しいのです。「よく頑張ったね！」。そうです、あなたはとてもよく頑張りました。本当は頑張る人なんです。でも、どの方向に頑張ればいいか、そのやり方がわからなかっただけ。こんなに頑張れたのだから、これからもきっと頑張れるはず！　そう思うと「私はこれからも大丈夫！」と思いませんか？　「自分のキャリアは自分で創造する」。そんなあなたを、私はいつも応援しています。

最後に、いつも励まし続けてくださった日本実業出版社・編集部のみなさん、私がくじけそうになったとき明るい笑顔で応援してくれたキャリアコンサルタントの仲間たち、そして私の夢をいつも支えてくれた夫と子供たちに心より感謝いたします。

中園久美子

中園久美子（なかぞの　くみこ）
キャリアクレッシェンド代表。1級キャリアコンサルティング技能士、国家資格キャリアコンサルタント、産業カウンセラー、CDA（キャリアデベロップメントアドバイザー）、アンガーマネジメントファシリテーター。
専門学校卒業後、大手通信会社勤務を経てパソコン講師として活動。その後、キャリアコンサルタントとして、公共機関にて1万人以上のキャリアコンサルティングを手がける。2017年に独立。転職支援講座、キャリア開発、ビジネスコミュニケーション講座等で約2万人を支援。「相談者の強みを引き出し、すぐ実践できる」をモットーとする。豊富な事例と実体験にもとづいた内容には定評がある。現在は、企業で働く人々の支援に着目し、キャリアシフトチェンジ、パワハラ防止研修も精力的に手がけている。

連絡先：CareercrescenDo（キャリアクレッシェンド）
https://www.career-k.com

「転職回数が多い」「非正規だった」……
それでも書類選考で落とされない履歴書・職務経歴書の書き方

2020年4月10日　初版発行
2023年6月1日　第4刷発行

著　者　中園久美子
発行者　杉本淳一

発行所　株式会社日本実業出版社　東京都新宿区市谷本村町3－29 〒162－0845
編集部　☎03－3268－5651
営業部　☎03－3268－5161　振　替　00170－1－25349
https://www.njg.co.jp/

印刷／厚徳社　　製本／共栄社

この本の内容についてのお問合せは、書面かFAX（03－3268－0832）にてお願い致します。
落丁・乱丁本は、送料小社負担にて、お取り替え致します。

ISBN 978-4-534-05773-0　Printed in JAPAN